Ulrich Duchrow

Mit Luther, Marx und Papst den Kapitalismus überwinden

Ulrich Duchrow, Dr. theol. habil., apl. Prof. für systematische Theologie und Sozialethik, arbeitet mit der ökumenischen Basisbewegung Kairos Europa und Attac. Ihm wurde 2015 zu seinem 80. Geburtstag der von Franz Segbers und Simon Wiesgickl bei VSA: herausgegebene Band »›Diese Wirtschaft tötet‹ (Papst Franziskus). Kirchen gemeinsam gegen Kapitalismus« gewidmet.

Ulrich Duchrow

Mit Luther, Marx und Papst den Kapitalismus überwinden

Eine Flugschrift
in Kooperation mit Publik-Forum

VSA: Verlag

www.vsa-verlag.de

www.publik-forum.de

Die in dieser Flugschrift verwendeten Zitate von Martin Luther werden nach »D. Martin Luthers Werke«, Weimarer Ausgabe (1883-2009) zitiert (nachgewiesen als WA) und zwar in der merkwürdig anmutenden, gleichwohl aufschlussreichen Originalschreibweise; Erläuterungen in Klammern stammen vom Autor der Flugschrift, ebenso die Übersetzungen von dort im Lateinischen wiedergegebenen Passagen.

Stellen aus biblischen Büchern (nach der *Bibel in gerechter Sprache*) werden wie folgt abgekürzt:

Hebräische Bibel (Erstes Testament)

1. Mose
1 Sam = Über die Zeit Samuels: Erstes Buch
2. Mose
3. Mose
5. Mose
Jes = Das Buch Jesaja
Jer = Das Buch Jeremia
Ez = Das Buch Ezechiel (Hesekiel)
Am = Das Buch Amos
Mi = Das Buch Micha
Ps = Das Buch der Psalmen
Dan = Das Buch Daniel
Esra = Über die Zeit Esras
Neh = Über die Zeit Nehemias

Zweites Testament

Mt = Matthäusevangelium
Mk = Markusevangelium
Lk = Lukasevangelium
Joh = Johannesevangelium
Apg = Über die Zeit der Apostelinnen und Apostel
Röm = Brief an die Gemeinde in Rom
1 Kor = An die Gemeinde in Korinth: Erster Brief
2 Kor = An die Gemeinde in Korinth: Zweiter Brief
Gal = Brief an die Gemeinden in Galatien

Druck und Buchbindearbeiten: Beltz Bad Langensalza GmbH
ISBN 978-3-89965-753-1

Inhalt

Für Ulrike
20. März 2017

Vorwort

Der Kapitalismus hat eine große Legitimationskrise, weil er Menschheit, andere Mitgeschöpfe und Erde in eine immer gefährlichere multiple (Über-)Lebenskrise stürzt. Da Kapitalakkumulation sein mechanistischer Motor ist, erzeugt er unendlichen Spaltungs- und Wachstumszwang auf einem begrenzten und auf Solidarität angewiesenen Planeten. Die Klimakatastrophe mit ihren schon jetzt sichtbaren Folgen von Dürre, Hunger, Sterben, Kriegen und Flüchtlingen ist nur das sichtbarste Menetekel an der Wand unseres gemeinsamen Hauses.

In diese Legitimationskrise fallen im Jahr 2017 zwei »Jubiläen«: 500 Jahre Reformation und 150 Jahre »Das Kapital«. Ist von Reformation in der heutigen Realität der Kirchen viel zu sehen? »Geht ein Gespenst um in Europa«, welches das Gemeinwohl auf seine wehenden Fahnen geschrieben hätte?

Beeindruckend ist das humanitäre Engagement für Flüchtlinge in vielen christlichen Gemeinden und auch in der Gesellschaft allgemein. Wer aber sagt laut, dass schon der Begriff »Flüchtlingskrise« eine Verkehrung der Realität ist – so als ob die Flüchtlinge Ursache der Krise wären? Wer sagt laut, dass es die Kriege und die Weltwirtschaftsunordnung des Westens sind, die die Krisen verursachen, welche die meisten Menschen in die Flucht treiben? Und stellen sich die Gewerkschaften in der Tradition der Arbeiterbewegung – ganz zu schweigen von den sogenannten Sozialdemokraten oder gar der sich »christlich« nennenden Parteien – dieser Realität? Fragen nicht die meisten Menschen und Institutionen vor allem: *»Rechnet sich das für mich?«*

Luther wird vermarktet in der Form von Schokoladenfiguren, Playmobil und Gartenzwergen. Viel ist im Zusammenhang des Gedenkens an 500 Jahre Reformation publiziert worden. Dabei gab es nur ganz wenige Veröffentlichungen, die Luthers Kritik am Frühkapitalismus aufnahmen (dazu gehören Deutschmann 2014 und Dieckmann 2016), und noch weniger, die daraus Schlüsse für Kirche, Theologie und Gesellschaft heute zogen (Fleischmann 2010 und 2016). Zwar gibt es an den Universitäten wieder Arbeitsgemeinschaften, die Karl Marx lesen, aber in der Öffentlichkeit werden beide – der kapitalismuskritische Luther und der von Deutschland ins Exil getriebene Entzauberer des allmächtigen Kapitals – hartnäckig verdrängt, wenn nicht tabuisiert. Aber einer, Papst Franziskus, nennt zwar die Namen nicht, spricht und handelt aber exakt im Sinn der Tabuisierten – weil er nicht nur nachhaltig für die unsichtbar gemachten Menschen (und die Schöpfung) eintritt, sondern auch tiefgründig in seinen Schreiben und Enzykliken die kapitalistischen Ursachen der Katastrophen des herrschenden Systems analysiert und darüber aufklärt. So ermutigt er uns, neu auf Luther und Marx zu schauen, um vielleicht die Legitimationskrise des Kapitalismus zu verschärfen und Perspektiven für eine neue Kultur zu entdecken, in der zukünftiges Leben in Würde eine Chance hat.

Auf diesem Hintergrund habe ich die Anregung von Christoph Lieber[1] und Gerd Siebecke vom VSA: Verlag zusammen mit Publik-Forum dankbar aufgenommen, etwas über diesen ungewohnten Dreiklang Luther, Marx und Papst zu schreiben. Dabei ergibt sich Erstaunliches. Jüngste Forschungen haben plausibel gemacht, dass es sich bei dem herrschenden imperialen Kapitalismus um den vorläufigen Höhe- und Endpunkt einer Zivilisation handelt, die im 8. Jahrhundert vor unserer Zeitrechnung (v.u.Z.) begann. Sie ist von verschiedenen Faktoren als Teilen einer gemeinsamen Logik bestimmt: wirtschaftlich von der zunehmenden Herrschaft des Geldes, politisch vom Imperialismus der Machtsysteme und Lebensweise, wissenschaftlich von der reduktionistischen Rationalität, anthropologisch vom zur Sucht werdenden Streben nach mehr Macht, Reichtum und Ansehen, in der Mentalität vom Rechnen, Berechnen und Kalkulieren und – alles zusammengenommen – vom egozentrischen Individualismus.

Gegenüber dieser hegemonialen Zivilisationsentwicklung gibt es in all ihren Phasen durchgehend Widerstand und Bemühen um Alternativen. Das fängt an bei den damaligen großen Weltreli-

[1] Ihm verdanke ich auch vorzügliche Anregungen für diesen Text.

gionen und Philosophien vom Mittelmeer bis China. Das setzt sich fort in den Reformbewegungen im Mittelalter gegen den entstehenden Frühkapitalismus (angetrieben vom Kaufmanns- und Wucherkapital) mit dem Höhepunkt in der Reformation. Als im 19. Jahrhundert der Industriekapitalismus seine ersten Triumphe feiert, nimmt Karl Marx diese kritischen Traditionen auf – darunter die Bibel und Luther – und liefert die tiefgründigste und ausführlichste theologische und empirische Analyse und Kritik des Kapitals als Götzendienst (Fetischismus) und Zerstörer von Menschen und Erde.

Klimakatastrophe und soziale Katastrophen heute sind die Zeichen der Zeit dafür, dass das zwanghafte Kapitalwachstum, das die zerstörerische Wirtschaft und Rüstung vorantreibt, mit den Grenzen unserer schönen Erde nicht mehr vereinbar ist und dass deshalb eine neue Kultur des Lebens die gegenwärtige Zivilisation des Todes ablösen muss. In den letzten 30 Jahren haben protestantisch-orthodoxe Ökumene, die befreiungstheologischen Bewegungen in allen Weltreligionen und jetzt auch der Papst daran gearbeitet, diese Traditionen aufzunehmen und Beiträge zu dieser lebensnotwendigen neuen Kultur zu entwickeln. Damit schließt diese Flugschrift in der Hoffnung, dass Jubiläen wie 500 Jahre Reformation und 150 Jahre »Das Kapital« zur fundamentalen Umkehr Mut machen können.

Kapitel 1
Reformbewegungen gegen den entstehenden Frühkapitalismus im Mittelalter

»Darum soll kein Bruder, wo immer er auch sein mag und wohin immer er geht, Geld oder Münzen auch nur irgendwie aufheben oder annehmen oder annehmen lassen.«
Regel des Franz von Assisi

In Braunschweig bin ich einige Jahre zur Schule gegangen. Jedes Kind dort kannte den Spruch »Wenn das Geld im Kasten klingt, die Seele in den Himmel springt.« Oft gingen nämlich Klassenausflüge in den Elm, einen Höhenzug im Osten der Stadt. Dort stand der Tetzelstein zur Erinnerung an den Ablassprediger, der mit einem Bankangestellten – man sagte, aus dem Haus der Fugger – Anfang des 16. Jahrhunderts durch die Lande gezogen war. Er hatte den Leuten gegen Geld Ablassbriefe ausgestellt, um ihre Sündenstrafen im Fegefeuer abzukürzen oder gar zu löschen. Vor dem steinernen Denkmal wurde uns die gruselige Geschichte erzählt, dass eines Tages ein Mann zu Tetzel kam, ihm sagte, er wolle einen Mord begehen und was das wohl koste. Nachdem er bezahlt hatte, ermordete er den Ablassprediger und den Banker, nahm sich nicht nur sein Geld zurück, sondern alles Übrige, was die beiden vorher den Leuten aus der Tasche gezogen hatten. Der Tetzelstein soll an dieser Stelle des Mordes errichtet worden sein – wahrscheinlich für einen anonymen Ablassprediger, dem später der bekanntere Name Tetzel zugelegt wurde (vgl. de.wikipedia.org/wiki/Tetzelstein).

Was bedeutet es, wenn genau an diesem Ablass der Streit beginnt, der zur Reformation führte? Wie konnte es geschehen, dass die Ankündigung einer akademischen Disputation in 95 Thesen des jungen Professors für Bibelwissenschaften, Martin Luther, von Buchdruckern aufgegriffen und tausendfach in ganz Deutschland verbreitet, zu einer revolutionären Situation führte?

Luther hatte nur ganz schlicht u.a. geschrieben: »Menschenlehre verkündigen die, die sagen, daß die Seele (aus dem Fegefeuer) emporfliege, sobald das Geld im Kasten klingt. Gewiß, sobald das Geld im Kasten klingt, können Gewinn und Habgier wachsen.« (These 27 und 28; WA 1: 234)

Handelt es sich dabei nur um eine Frage der Frömmigkeit und einen Theologenstreit, wie es oft verstanden wird? Meine These ist eine andere. Die Tatsache, dass sogar das Heil käuflich geworden war, verweist darauf, dass der Frühkapitalismus bereits das Ganze der damaligen Zivilisation erobert hatte. Gewinn und Habgier hatten begonnen, das ganze Leben zu regieren. Damit trifft Luther mit der Kritik an der Käuflichkeit des Heils das Herz der frühkapitalistischen Zivilisation. Das hat Auswirkungen auf Luthers gesamtes Lebenswerk. Um aber die epochale Bedeutung seiner Kritik zu verstehen, müssen wir einen kurzen Blick auf die vorangehenden Entwicklungen im Mittelalter werfen.

Vom Geld zum Kapital

Es ist populär, mit Max Weber (1972) zu behaupten, der Kapitalismus sei aus dem Geist des Protestantismus hervorgegangen. Das ist historisch falsch, wie seit langem bekannt ist.[2] Denn der Kapitalismus beginnt im Mittelalter und entwickelt sich dann über die Jahrhunderte hinweg in verschiedenen Phasen. Die Elemente, die für seine Entstehung wichtig sind, beginnen im 11. Jahrhundert sichtbar zu werden. Mit dem Zusammenbruch West-Roms in der Zeit der »Völkerwanderungen« hatte auch die Geldwirtschaft abgenommen. Der Feudalismus operierte vorwiegend auf der Basis von Naturalwirtschaft. Es sind die norditalienischen Stadtstaaten, vor allem Venedig, Mailand, Florenz und Genua, in denen die Frühformen des Kapitalismus entstehen. Dazu gehören vorwiegend *vier Elemente*:

---

[2] Vgl. zur neueren Diskussion Fisahn 2016: 149ff. Weber legt nur spätere Quellen, besonders aus dem Puritanismus vor. Die Frage ist darum eher, wie eine bestimmte Art von Puritanismus in späteren Jahrhunderten den lange vorher entstandenen Kapitalismus aufgenommen und in besonderer Weise geprägt hat.

- Eine Kaufmannsklasse, reich geworden durch Fernhandel und Geldgeschäfte, übernimmt die politische Macht.
- Sie entwickelt nach außen die Technik der Machtbalance zwischen rivalisierenden Parteien einschließlich der rationalen Kriegführung.
- Sie forciert Lohnarbeit, vor allem auch in der Gestalt von Söldnern, die den Krieg kommerzialisieren.
- Sie knüpft in anderen Ländern ein Netz von Handels- und diplomatischen Zentren (zum Folgenden Arrighi 1994: 36ff. und Le Goff 1993 sowie de.wikipedia.org/wiki/Venedig sowie Wirtschaftsgeschichte_der_Republik_Venedig).

Der erste Faktor: Venedig ist der Prototyp des kapitalistischen Stadtstaats. Der durch große Landgüter reich gewordene Adel kontrolliert zunächst *wirtschaftlich* den Fernhandel, der grundlegend für die weitere Entwicklung des großen Reichtums Venedigs ist. Die Lage zwischen dem oströmischen Reich Byzanz und Mitteleuropa macht die Stadt zum zentralen Umschlagplatz zwischen Ost und West. Dabei spielt der monopolisierte Handel mit Salz und Pfeffer, aber auch der Import aus Asien und Afrika von Getreide, Luxusgütern wie Seide, Elfenbein, Parfüme usw. eine zentrale Rolle. Aus dem Norden werden Gold, Silber, Bernstein, Holz, Eisen usw. umgesetzt. Daneben entwickelt sich der industrielle Schiffsbau, aber auch die Tuchproduktion mit Lohnarbeit. Einen Riesenschub für die Wirtschaft Venedigs bringen die *Kreuzzüge* seit dem ersten im Jahr 1095. Venedig rüstet die Kreuzfahrer für ihre Mission aus, gewinnt zunehmend die Kontrolle der Osthandelsroute nach Indien und China, ja, entwickelt ein Kolonialreich. Dann übernimmt die Händleroligarchie *politisch* die Regierung, das heißt Geld und Macht sind in einer Hand. An der Spitze steht ein Doge (duce, Führer), zunächst als lokaler Vertreter des byzantinischen Statthalters in Ravenna, nach der Erreichung der Unabhängigkeit als Herrscher der Republik. Ihm wird der große Rat aus der Kaufmannsaristokratie beigeordnet.

So mit Macht und Reichtum ausgerüstet übt sich der Stadtstaat *zweitens* in der Ausbalancierung und *Ausnutzung von Spannungen* zwischen anderen Machtblöcken. Ein Spannungsverhältnis ist das zwischen Papst und Kaiser. Ein weiteres ist das Konkurrenzverhältnis zwischen den norditalienischen kapitalistischen Stadtstaaten selbst, also neben Venedig Mailand, Florenz und Genua. Zudem wird die Konkurrenz zwischen den entstehenden dynastischen Staaten Westeuropas ausgenutzt. So wird z.B. Florenz reich durch die Finanzierung des »Hundertjährigen Krieges« zwischen England und Frankreich. Am besten gelingt den kapitalistischen Staaten die kalkulierte Balance, wenn andere stellvertretend Kriege für das eigene Interesse führen – so etwa im Fall der Kreuzzüge, die die östliche Handelsroute Venedigs freikämpfen.

Das *dritte* Element des Aufbaus kapitalistischer Verhältnisse, die *Lohnarbeit*, betraf außer der Schiffs- und Tuchindustrie insbesondere das Söldnerwesen. Die Steuern, die für das Anheuern von Soldaten erhoben wurden, ließ man in die eigenen Taschen zurückfließen, insofern als die Söldner venezianische Waren und Waffen einkauften und so wieder Einkommen für die Kaufleute hervorbrachten (Arrighi 1994: 38, der hier von einem frühen »Militär-Keynesianismus« spricht).

Schließlich spielte die Entwicklung internationaler Netze des Handels, der Information und der diplomatischen Beeinflussung eine zentrale Rolle bei dem Aufbau der Macht der frühkapitalistischen Stadtstaaten. Sie entwickelten Faktoreien, das heißt Handelsniederlassungen in Afrika und Asien. In Mitteleuropa wurden diese aber auch in diplomatische Informationszentren weiterentwickelt, um die Politik der jeweiligen Fürsten und Könige im eigenen Interesse zu beeinflussen – eine Finanzlobby gibt es nicht erst heute. Schon Venedig brauchte viel Kapital für Fernhandel, Schiffsbau usw. und entwickelte entsprechende eigene Finanzinstrumente. Im Feld der *Hochfinanz* allerdings übernahm *Florenz* die Führung. Das hing vor allem an drei Faktoren: den Finanzen des Papstes, der Florentinischen Woll- und Stoffindustrie und der Finanzierung von Kriegen – dies alles verbunden mit einem großen Netz von Außenstellen (ebd.: 96ff.). Anfangs hatten noch die Kaufleute aus Siena an den Pilgerreisen, Ablässen und Dispensen in allen Ländern verdient. Bald aber wurden die Florentiner die Banker der Päpste und sammelten und verwalteten deren Gelder. Dabei handelte es sich um die damals größte zirkulierende Kapitalmenge.

Die zweite Quelle großer Kapitalien war der Import von Wolle aus u.a. Spanien, Portugal, England und die Verarbeitung zu hochwertigen Stoffen, die wiederum ausgeführt wurden. Dabei war auch schon ausgebeutete Lohnarbeit im Spiel, aber nicht die Hauptquelle des Reichtums im Handelskapitalismus (siehe Fleischmann 2010: 45).[3] Das dritte große Geschäft war die Finanzierung der Kriege – nicht nur in Italien, sondern auch des »Hundertjährigen Krieges« zwischen England und Frankreich (1337-1453) und im Zusammenhang der Konflikte um das Papstschisma (1378-1417), in dessen Verlauf die Päpste im französischen Avignon residierten und einen enormen Finanzapparat aufbauten, um die Wiedereroberung Roms, aber auch ihren eigenen Luxus zu finanzieren (siehe Clévenot 1993: 39ff. sowie Hamm 2007: 252f.). Zunächst waren es die Familien Bardi und Peruzzi, deren Banken führend waren. Sie gingen aber 1345 in Insolvenz. Sie hatten den englischen König Edward III. in seinem Krieg gegen Frankreich mit großen Kreditsummen unterstützt. Als dieser Pleite ging, verloren sie einen Großteil ihres Vermögens. Das war die Stunde der Medici. Sie wurden so reich, dass sie die Republik Florenz aufkaufen und in eine Monarchie verwandeln konnten. Ihre Macht ging aber am Ende des 15. Jahrhunderts verloren.

Das war gerade der Moment, als *Genua* die Höhe seiner Macht erreichte und zusammen mit der Territorialmacht Spanien den ersten vollen Zyklus der Kapitalakkumulation im Weltsystem einleitete (Arrighi 1994: 109ff.). Schon 1099 übernahm die Vereinigung der Geschäftsleute von Genua, die *Campagna*, die Kommune. Weil die Kaufmannschaft des Stadtstaats in Spannung zu den umliegenden Feudalherren stand, konnte sie ihre Gewinne nicht in Land investieren. Da das liquide Geld in Gefahr stand, an Wert zu verlieren, entwickelte sie eine Art privater Zentralbank, die *Casa di San Giorgio,* die ihre Währung, den Goldge-

[3] Freilich gab es schon einen ersten gut dokumentierten Streik im französischen Flandern, in Douai (vgl. Veerkamp 2005: 44, der insgesamt einen guten Überblick über die Situation der Arbeit in jener Zeit bietet; vgl. auch Clévenot 1992: 243ff.).

nueser, neben dem Goldflorin aus Florenz besonders sicher und international begehrt machte. Damals wurden viele der Finanzinstrumente entwickelt, die bis heute den Geldverkehr bestimmen, darunter Giro, Scheck und Wechsel. Das Wort »Bank« ist genuesischen Ursprungs und bezeichnet die Bank, auf der sich die Geschäftsleute niederlassen um ihr Geld zu zählen, Schecks zu unterschreiben usw. (Clévenot 1993: 11ff.).[4] Genua kontrollierte ursprünglich den Fernhandel der Region um das Schwarze Meer. Als durch Venedig und zunehmend durch die Ottomanen der Stadt diese Vorherrschaft verloren ging, orientierte sie sich nach Westen. Zusammen mit der Territorial- und Militärmacht Spanien finanzierte sie die Entdeckungsreisen. So eröffnete der Genueser Christoph Columbus nicht nur die 500 Jahre europäischer Kolonialgeschichte, sondern auch zusammen mit Spanien als Hegemonialmacht den ersten vollen Akkumulationszyklus des kapitalistischen Weltsystems (vgl. hierzu Arrighi 1994).

Genua war auch beteiligt an der Unterstützung der *Fugger* beim Kauf der Stimmen für die Kaiserwahl Karls V. (Clévenot 1993: 122f. und Ogger 1983). Bekanntlich wurden dieses Augsburger Bank- und Handelshaus und der gekaufte Kaiser die mächtigsten Feinde der Reformation. Ökonomisch gesehen, fügen sie dem Frühkapitalismus eine weitere Komponente hinzu, die schon in der Antike eine entscheidende Rolle spielte: die Ausbeutung von Minen, speziell Silberminen für die Münzprägung und andere Metallbergwerke für die Rüstung (Clévenot 1993: 55ff. und Scheidler 2015: 84ff.). Auch hier gehören Geld und Krieg wieder untrennbar zusammen.

Überblickt man diese kurze Skizze der Entstehung des Kapitalismus, so wird der zentrale Unterschied zur Antike deutlich: Geld wird nicht nur in seinen praktischen Funktionen genutzt und nicht einmal nur zum »Schätzesammeln« akkumuliert. Vielmehr kommen zwei neue zentrale Faktoren hinzu: Die Geldmacht übernimmt die politische Macht und steuert die Politik samt ihrer militärischen Gewalt rational zum Nutzen

---

[4] Clévenot beschreibt am Beispiel des Kaufmanns Benedetto Zaccaria sehr schön, wie Leben und Denken dieser Menschen aussehen.

der Kapitaleigentümer. Sogar der Feudalismus monetarisiert sich, indem die Naturalabgaben zunehmend in Geldzahlungen eingefordert werden. Zweitens wird das Geld um seiner selbst willen akkumuliert und darum jeder Gewinn sofort wieder investiert, um mehr Gewinn zu bringen. Das ist die Verwandlung von Geld in Kapital. Es entsteht ein Funktionsmechanismus, der alles Wirtschaften auf Gewinn für die Kapitaleigner hin orientiert.

Als Technik dafür entwickelt sich in genau diesem Zeitraum die doppelte Buchführung – die Goethe als die zweitwichtigste Erfindung nach der Entdeckung des Rades ansah (vgl. Duchrow/Hinkelammert 2012: 103ff.). Erstmals vollständig beschrieben wurde sie 1494 in Luca Paciolis Buch *Summa de Arithmetica, Geometria, Proportioni et Proportionalità*. Es geht dabei darum, den Input der Kosten einer Investition vom Output, also dem wirtschaftlichen Ergebnis abzuziehen, so dass unter dem Strich ein Plus, der Gewinn, die Rendite sichtbar wird – die dann sofort wieder investiert werden muss, um höheren Gewinn zu erwirtschaften. In der gleichen Logik liegt der in Florenz erfundene Zinseszins. Das heißt, der gewonnene Zins wird sofort der Kapitalsumme zugeschlagen und erneut verzinst. Das Ganze ist aber nicht nur eine Technik, sondern kennzeichnet die in dieser Zeit mit dem kaufmännischen, rechnenden Denken entstehende neue Mentalität. Alle fragen: »*Rechnet* sich das für *mich*«? Damit wenden wir uns der für die Reformation zentralen Frage zu, dem durch die zunehmende Herrschaft des Geldes verursachten Mentalitätswandel.

»Lieber Jesus, mach mich reich«[5] – das Verhältnis von Religion und Geld im Mittelalter

Im Mittelalter bestimmen der Kommerz und das Geld das Denken und Fühlen nicht nur der einzelnen Menschen, sondern zunehmend auch der Kirche und der Theologie. Den Anfang macht *Anselm von Canterbury* (1033-1109). Er wurde in Aosta, Piemont, nahe Genua geboren, studierte an verschiedenen Orten in Frankreich und wurde später Erzbischof von Canterbury. Um

[5] Das ist der Titel von Clévenots (1993) Geschichte des Christentums im XIV. und XV. Jahrhundert.

die Zeit des ersten Kreuzzuges herum schrieb er sein Buch »Warum Gott Mensch wurde« (Cur Deus homo). Darin geht er von dem Gesetz aus: »Schulden müssen zurückgezahlt werden«. Die Grundordnung der Welt bestehe darin, dass Schulden zurückgezahlt werden müssen. Weil der Mensch durch Sünde unbezahlbare Schulden bei Gott hat, muss er, da er sie nicht selbst zurückzahlen kann, Strafe erleiden. Diese kann Gott nicht einfach aus Barmherzigkeit vergeben, weil das dem obersten Gesetz der Schuldenrückzahlung widersprechen würde. Das kann man nicht anders deuten, als dass dieses Gesetz über Gott steht. Deshalb muss dieser einen Preis zahlen, der die Schulden ausgleicht. Das aber kann nur die Lebenshingabe eines Menschen sein, der gleichzeitig Gott ist – Jesus Christus. Damit wird Gott zu einem sadistischen Herrscher, der Menschenopfer darbringt. Der Kontext des 11. Jahrhunderts, in dem Anselm schreibt, ist nicht zufällig durch die Wiederaufnahme der Geld-Privateigentums-Wirtschaft in Oberitalien gekennzeichnet. Franz Hinkelammert (2015: 177) drückt das so aus: »Er spricht bereits die Sprache des Kapitalismus, obwohl es den Kapitalismus überhaupt noch nicht gibt.« Damit stellt Anselm die Anschauung Jesu auf den Kopf, der uns beten lehrt: »Und vergib uns unsere Schuld[en], wie auch wir die Schulden erlassen haben unseren Schuldnern.«

So entwickelt sich im Mittelalter die *Heilskalkulation des Individuums* zu einem Gesamtsystem des Heilskommerzes. In einem vorzüglichen Aufsatz *»Den Himmel kaufen«* hat Berndt Hamm (2007) diesen Vorgang bis ins Einzelne verfolgt und beschrieben. Seine These ist, dass »religiöse Quellen des Spätmittelalters, auch aus theologischer Feder, das Verhältnis des Menschen zur göttlichen Gnade, zum himmlischen Jenseits mit Begriffen des merkantilen Warenaustausches und Geldverkehrs beschreiben« (ebd.: 239), »dass mit der beschriebenen Semantik und Metaphorik unlösbar eine bestimmte Vorstellungsweise verbunden ist, die sich inhaltlich in den Koordinaten kaufmännischen Denkens und Kalkulierens bewegt« (ebd.: 242), »dass Gott Züge eines berechnenden, zählenden und wägenden Kaufmanns, Buchhalters oder Bankdirektors gewinnt und dass man die Beziehung zu diesem Gott durch Prinzipien des ›do ut des‹, eines Tauschhandels oder Wechsels regelt« (ebd.: 243). Dabei geht es um ein verdienstvolles »Erwerben, Sammeln und Akkumulieren frommer Werke« (ebd.: 240).

Seit dem frühen 13. Jahrhundert entsteht in diesem Zusammenhang die Lehre vom *Individualgericht* (iudicium particulare, also vor dem Weltgericht am Ende der Tage) und damit verbunden die Lehren vom *Fegefeuer*, *Ablass* der Sündenstrafen und vom Kirchenschatz (den stellvertretenden Genugtuungen Christi und der Heiligen) (siehe Le Goff 1988). Mit diesem schlauen Ansatz schöpft die Kirche einen Teil der verbotenen Zinsgewinne ab, indem die Wucherer für ihre Sünde per Ablassbrief bezahlen. Besonders verstärkt wird dieser Trend durch weit verbreitete Erbauungsliteratur, z.B. die *»Imitatio Christi«* des Thomas von Kempen. Sie stammt aus dem Kontext der »Devotio Moderna« der niederländischen Stadt- und Handelskultur. Gute Werke und Kauf von Ablass als Teil des individuellen kalkulierenden Geschäfts mit Gott sind also in diesem Gesamtkontext zu sehen.

Beim Reichtum der Papstkirche in dieser Periode sind die Zeiten des Schismas in Avignon (Clévenot 1993: 39) und der Renaissance (Kaufmann 2016: 43) besonders hervorzuheben. In der zweiten Hälfte des 15. Jahrhunderts wurde auch die Ämtervergabe schamlos als Einnahmequelle benutzt. Luther kommentiert das später so: Den römischen Theologen Eck nennt er einen Plutologen (Reichtumswissenschaftler) statt Theologen, und über die römische Kirche sagt er: »ists doch ym grund nit anders. das gantz geystlich regiment denn gellt. gellt gellt. alle ding sind gericht dahyn das sie gellt tragen.« (WA 10 II: 125)

Reichtum wird auch zunehmend als Gabe Gottes und als Segen angesehen – vorausgesetzt, ein Teil des Gewinns wird für Stiftungen, Schenkungen und Armenfürsorge abgezweigt. Freilich wird betont, dass das Geschäft mit Gott nicht unter Gleichen stattfindet. Vielmehr hat Gott es durch eine Art Kaufvertrag ermöglicht, dass die schwächeren Menschen mit ihm ein gutes Geschäft machen können, insofern sie für wenig viel erhalten. Das heißt, die kommerzielle Logik und die Gnade Gottes werden nicht als Gegensätze gesehen, sondern in einem für die Reichen und die Kirche angenehmen Kompromiss versöhnt. »Diesseits und Jenseits bilden *eine* Welt des ökonomischen Kalküls.« (Hamm 2007: 252) Papst Innozenz III. spricht schließlich einen superreichen Kaufmann aus Cremona heilig. »Das Geld wird nicht länger verflucht, und der Kapitalismus kann mit dem Segen der Kirche seinen triumphalen Aufstieg beginnen.« (Clévenot 1993: 17)

Reformatorische Gegenbewegungen

Ab dem 11. Jahrhundert gewinnt die Kirche immer mehr Macht und Reichtum. Dagegen bilden sich gleichzeitig Gegenbewegungen. Diese Ambivalenz hängt mit der Reform des Papstes Gregor VII. zusammen. Deren Folgen beschreibt Clévenot (1992: 119) plastisch so: »Auf der einen Seite hat sie mit ihrem Bemühen um Reinigung, wodurch die Kirche der ökonomischen und politischen Vormundschaft der weltlichen Gewalten (Kaiser, Könige, Feudalherren) entrissen werden sollte, alle Formen der ›Rückkehr zum Evangelium‹ ermutigt, ohne allerdings über die Mittel zu verfügen, die so in Gang gekommene Entwicklung ganz im Griff zu behalten: Neben den Zisterziensern, Prämonstratensern, Kartäusern entziehen sich unzählige Einsiedler, umherschweifende Prediger und Angehörige einer ›apostolischen Lebensweise‹ der kirchenamtlichen Kontrolle und reißen bisweilen beträchtliche Massen mit sich. Auf der anderen Seite mündet die wiedergewonnene Selbständigkeit des Weltklerus, des Werkzeugs des römischen Zentralismus, in einen scholastischen Klerikalismus, der dem Priester ausdrücklich das Recht zu predigen und die Verwaltung der Sakramente vorbehält. Paradoxerweise hat schließlich die Reform die Macht und den Reichtum der Kirche gefestigt, da es dieser gelang, von den Feudalherren ein Gutteil des ›Zeitlichen‹ zurückzugewinnen. Es ist also nicht verwunderlich, dass diese drei widersprüchlichen Phänomene gerade bei den besonders ›motivierten‹ Christen zu heftigen Spannungen führten.«

Dies also ist der Kontext, in dem viele Initiativen zur Wiedergewinnung des apostolischen Lebens entstehen, darunter die des *Robert von Arbrissel*, Wanderprediger und Gründer der Gemeinschaft und des späteren Klosters Fontevraud (Clévenot 1991: 124ff.). Seine geschwisterliche Bewegung – aus Männern und insbesondere Frauen – nennt er die *»Armen Christi«* und versucht so, das Ideal einer armen und dienenden Kirche neu zu verwirklichen. Ihm gelingt es immer wieder, einerseits die Tolerierung der Hierarchie zu erlangen, andererseits die Versuche der Vereinnahmung abzuwehren – jedenfalls bis zu seinem Tod. Danach wird Fontevraud sogar zunehmend vom hohen Adel kooptiert.

Anders verläuft die Geschichte der Bewegung des ursprünglich reichen Kaufmanns *Petrus Valdes* aus Lyon (Clévenot 1992: 117ff.). Auch er wird von Jesu Wort getroffen: »Wenn du vollkommen sein willst, geh, verkauf deinen Besitz und gib das Geld den Armen; so wirst du einen bleibenden Schatz im Himmel haben; dann komm und folge mir nach!« (Mt 19, 21) Auch er ist ein Vertreter der Bewegungen der »freiwilligen Armut«. Für ihn kommt freilich ein für die späteren reformatorischen Bewegungen zentrales Element hinzu: die Wiederentdeckung der Bibel in der Muttersprache. Er lässt von zwei Theologen die Evangelien und einige Texte der Kirchenväter ins Französische übersetzen, lernt sie auswendig (!) und beginnt, andere darin zu unterrichten. Als ihm viele Schüler zuströmen, verbietet der Erzbischof den »Armen von Lyon« zu betteln und zu predigen. Daraufhin appellieren sie an das im März 1179 tagende III. Laterankonzil, werden aber von der zuständigen Theologenkommission lächerlich gemacht aufgrund eines Gutachtens, in dem es bezeichnenderweise heißt: »Diese Leute haben nirgendwo feste Wohnsitze, zu zweien ziehen sie barfuß und in Bauerkleidern umher, sie besitzen nichts und haben alles wie die Apostel gemeinsam (Apg 2, 44). Nackt folgen sie dem nackten Christus nach. Jetzt am Anfang geben sie sich ganz demütig, denn noch sind sie draußen; lassen wir sie ein, dann fliegen wir hinaus.«

Trotzdem billigt Papst Alexander III. ihre Forderung nach Anerkennung – allerdings unter der Bedingung, dass auch ihre Priester und Bischöfe zustimmen. Die aber sind besonders gegen die starke Rolle der Frauen in der Bewegung und entziehen ihnen die Predigterlaubnis. 1184 werden sie sogar exkommuniziert. Der Kernpunkt des Konflikts ist der Anspruch, dass ungebildete Laien direkt – ohne Vermittlung des Klerus – mit Gottes Wort in der Schrift umgehen dürfen.

Nach dem Tod von Valdes im Jahr 1206 spaltet sich die Bewegung. Ein Teil kehrt als »katholische Arme« in den Schoß der Papstkirche zurück. Der andere zieht sich in möglichst unwegsame Gebiete zurück, um dem jesuanischen Leben treu zu bleiben – zunächst in den Westalpen. Diese Treuen sind die Ursprungszellen der Waldensischen Kirche – ursprünglich angesiedelt in Piemont und dem späteren Italien, später auch in Deutschland und Lateinamerika. Heute sind die Waldenser eine angesehene Mitgliedskirche des Ökumenischen Rates der Kirche und besonders wegen ihres starken sozialen Engagements geschätzt.

Eine weitere unter den mittelalterlichen Armutsbewegungen geht auf *Franz von Assisi* zurück (Clévenot 1992: 155ff. mit weiterer Literatur).[6] Sie hat heute wieder einen besonders guten Namen wegen Franziskus, dem heutigen Papst, der sich bewusst nach dem Gründer der franziskanischen Bewegung benannte und auch sein Leben und Wirken an ihm ausrichtet. In einer Zeit, in der das Geld in neuer Form als Kaufmannskapital zur Herrschaft kommt, ist es bezeichnend, dass die zwei großen Gegenfiguren Petrus Valdes und Franz von Assisi beide aus der Situation des reichen Geschäftsmannes umkehren. Und beide verbünden sich mit den Armen. Denn der neue Reichtum brachte auch neue Armut (vgl. Mollat 1984). Franziskus bricht mit seinem Vater wegen des Umgangs mit Geld. Er will es auf die innerlich gehörte Stimme Jesu hin für die Renovierung einer verfallenen Kapelle ausgeben, was der Vater verweigert.

Auch seine innere Berufung, als »kleiner Armer« (*poverello*) zu predigen, erfolgt am 24. Februar 1209 nach dem Hören der Evangeliumslesung, die Abstand vom Geld fordert: »Geht aber und verkündigt: das Himmelreich ist nahe herbeigekommen ... Ihr sollt weder Gold noch Silber noch Kupfermünzen in euren Gürteln haben, auch keine Reisetasche, auch nicht zwei Hemden, keine Schuhe, auch keine Stecken. Denn ein Arbeiter hat ein Recht auf seinen Unterhalt.« (Mt 10, 7-10)

---

[6] Es ist sicherlich eine Zumutung, einen einmaligen Nachfolger Jesu wie Franz von Assisi nur so knapp zu würdigen, wie das im Folgenden geschieht.

Vor allem aber schreibt er in seiner Regel, die er 1210 Innozenz III. zur Bestätigung vorlegt, unter anderem (zitiert nach Clévenot 1992: 159f.):

»Leben und Regel der Brüder ist dieses ...

- Zu leben in Gehorsam, in Keuschheit und ohne Eigentum und unseres Herrn Jesu Christi Lehre und Fußspuren zu folgen, der sagt: Wenn Du vollkommen sein willst, dann geh und verkaufe alles, was du hast, und gib es den Armen ... (Mt 19, 21; Lk 18, 22)
- Und die Brüder, die arbeiten können, sollen arbeiten und das Handwerk ausüben, das sie verstehen, wenn es nicht gegen das Heil der Seele ist und ehrbar ausgeübt werden kann ... Und für die Arbeit können sie alles Notwendige annehmen außer Geld. Und wenn es notwendig würde, mögen sie um Almosen gehen wie andere Arme.
- Darum soll kein Bruder, wo immer er auch sein mag und wohin immer er geht, Geld oder Münzen auch nur irgendwie aufheben oder annehmen oder annehmen lassen. Weder für Kleider noch für Bücher noch als Lohn für eine Arbeit, nein unter keinem Vorwand, es sei denn wegen der offenkundigen Notlage kranker Brüder; denn Geld oder Münzen dürfen für uns keinen größeren Nutzen haben, und wir dürfen sie nicht höher schätzen als Steine. Und jene will der Teufel blenden, die nach dem Geld verlangen oder es für wertvoller als Steine halten.«

Nach mehreren Anläufen bestätigt der Papst die Regel, aber es gibt immer wieder Versuche, auch von Brüdern, die Bedingungen zu mindern – ganz zu schweigen von der Machtentfaltung seines Ordens nach seinem Tod.

Es gibt zwei Punkte, die bei Franz aus aktuellem Anlass noch zu unterstreichen sind: Sein Versuch, Versöhnung mit den Muslimen herbeizuführen, und seine weitherzige Schöpfungsliebe. Er benutzte den fünften Kreuzzug, um nach Ägypten zu reisen – aber nicht um zu kämpfen, sondern um ein gewaltfreies Gegenprogramm durchzuführen.[7] Und zum anderen: Sein »Sonnenge-

[7] Im Jahr 2019 wird des 800. Jahrestags des Treffens zwischen dem heiligen Franziskus und Sultan Malik al-Kamil zu gedenken sein.

sang« ist die Vorlage für Papst Franziskus' ökologische Enzyklika »Laudato si«, worauf später zurückzukommen ist.

Auch in *England* kam es zu Reformbewegungen, freilich erst am Ende des 14. Jahrhunderts. Wortführer war der angesehene Theologe *John Wyclif* (1330-1384) (zum Folgenden Gorringe 2015). Er kritisierte Macht und Reichtum der Kirche, insbesondere den Reichtum der Kleriker und Mönche. Er wollte eine arme Kirche unter Führung der weltlichen Gewalt. Das Wichtigste für ihn war die Autorität der Schrift, nach der sich auch die politische Führung richten sollte. Deshalb übersetzte er auf der Basis schon vorhandener (Teil-)Übersetzungen das Zweite Testament in die Landessprache (andere übernahmen dann die Übersetzung auch der Hebräischen Bibel). Die ihm folgende Bewegung wurde *Lollarden* genannt, wobei die Herkunft dieses Begriffs ungeklärt ist. Vor allem gehörten städtische ArbeiterInnen und Handwerker zu ihnen.

Dann aber stießen die Bauern dazu. Hintergrund war eine Entwicklung, die für den zukünftigen Kapitalismus von grundlegender Bedeutung wurde, die Umwandlung von Gemeindeland in Privateigentum. Diese so genannten Einzäunungen (enclosures) führten zur Verarmung eines großen Teils der Bauernschaft und damit zur »Freisetzung« vieler Menschen für die kapitalistische Lohnarbeit (Duchrow/Hinkelammert 2005: 44ff.). Als 1381 der Aufstand der Bauern ausbrach, beriefen sich auch diese Aufständischen auf Wyclif, obwohl er den Aufstand ablehnte. Sein Schüler *John Ball* stellte sich dagegen klar an die Seite der Bauern. Von ihm stammt das berühmte Kampfmotto jener Zeit, das auch im Deutschen Bauernkrieg verwendet wurde: »Als Adam grub und Eva spann, wo war denn da der Edelmann?«. Die Bauern leiteten aus der Bibel die Gleichheit aller Menschen ab und erhoben deshalb die Forderung nach der Verteilung des Großgrundbesitzes der Kirche und der Feudalherren an die Bauern. Ähnlich wie später bei den Täufern in Münster verband sich damit auch die apokalyptische Hoffnung auf eine grundlegende Umwälzung der Verhältnisse in naher Zukunft.

Ab 1398 studierte *Jan Hus (1369-1415)* in Prag Theologie, wurde dort 1400 zum Priester geweiht und lehrte ab 1402 als Professor Theologie und Philosophie. Schon im Studium war er mit den Schriften von Wyclif bekannt geworden. Er schloss sich dessen Kritik des Reichtums der Kirche und der Habgier des Klerus und des Papstes an. In einer seiner flammenden, in tschechischer Sprache gehaltenen Predigten heißt es (zitiert bei Clévenot 1993: 124): »Die Priester kümmern sich nicht um ihr geistliches Amt; sie vernachlässigen das Predigen, das Beten, die Messen und die anderen Werke des geistlichen Lebens und maßen sich stattdessen die Funktion von Laien an, und zwar bis zu dem Grad, dass sie sich so gut wie aller Aufträge bemächtigen, wo sie vermuten, dass es Gewinn zu machen gibt. Der Priester wird so zum Burggrafen, zum Schlossverwalter, zum Haushofmeister, zum Sekretär, und wenn das Amt des Henkers einen guten Batzen einbringen würde und nicht so verachtet und hart wäre, dann würde der Priester auch noch zum Henker. Und, welche Schande, selbst von den Prostituierten, die sehr zahlreich sind in der Stadt, zieht der Papst monatlich von jeder einen Golddukaten ein!«

Nach einzelnen Kontroversen kommt es zum Bruch mit der Hierarchie, als sich Hus, Rektor der Universität, weigert, die Bücher Wyclifs zu verbrennen, wozu eine Bulle des Papstes verpflichtet. Er verteidigt die wissenschaftliche Auseinandersetzung unter dem Motto »Die Wahrheit wird siegen« und erhält von der Universität und dem Volk die volle Unterstützung. Er weigert sich nach Rom zu reisen, nimmt aber 1415 die Einladung des Kaisers an, unter freiem Geleit zum Konzil nach Konstanz zu reisen und sich für seine Lehre zu verantworten. Bekanntlich bricht der Kaiser sein Wort und Jan Hus wird auf dem Scheiterhaufen verbrannt. Über Luthers Auftreten gegen den Papst hängt später immer das Damoklesschwert des gleichen Schicksals.

Überblicken wir also das Mittelalter seit dem 11. Jahrhundert, so sehen wir, dass innerhalb des Feudalismus und zum Teil schon gegen ihn die bürgerliche Klasse des Kaufmanns- und Geldkapitals nicht nur ökonomische, sondern auch politische und vor allem geistige Macht gewinnt.[8] An diese entstehende kapitalisti-

[8] Einen guten Überblick über die Entstehung dieser »Protobourgeoisie« geben Veerkamp 2005: 29-54 und Fleischmann 2010: 21ff.

sche Zivilisation passen sich einerseits die hierarchische Kirche und weite Teile des Mönchtums an und werden selbst zu treibenden Akteuren dieser Entwicklung. Auf der anderen Seite bilden sich Gegenbewegungen, vor allem die Armutsbewegung, die direkt an Jesus und die Urkirche anknüpfen und damit in vielen Fällen auch die Bibel (in Landessprache) zum obersten Kriterium der Beurteilung christlichen Lebens und Handelns (wieder) entdecken. Allerdings: »Die Armutsbewegung war keine revolutionäre Bewegung; sie wollte keine andere Welt, sondern in der Welt anders leben.« (Veerkamp 2005: 44) Wie sieht das bei Luther, Müntzer und anderen aus?

Kapitel 2
Der verdrängte Luther
Systemische Kritik des Frühkapitalismus

»... im Zentrum der Reformation steht eine Neubestimmung des Geldes«
Berndt Hamm (2007: 269f.)

Der Thesenanschlag Luthers 1517 wird als der Auftakt der Reformation angesehen. Dabei wird sein Protest gegen den Ablasshandel meist als rein religiöses Phänomen interpretiert. Luther sei bei der Frage nach dem gnädigen Gott an der Werkgerechtigkeit gescheitert, habe die Rechtfertigung »allein aus Glauben« entdeckt und sei deshalb gegen den Ablasshandel vorgegangen, der die Werkgerechtigkeit repräsentiere. Natürlich geht es Luther in erster Linie um die echte Umkehr zu Gott und Befreiung aus der Macht der Sünde. Nach dem kurzen Überblick im letzten Kapitel wird aber deutlich, dass die Käuflichkeit des Heils nur die Spitze des Eisbergs einer umfassenden Herrschaft des Geldes ist, die Luther in allen Dimensionen verwirft, wie sich zeigen wird.

Die theologische Grundlegung

Luther bringt in den Thesen 27 und 28 die Käuflichkeit des Heils direkt mit der treibenden Kraft der kapitalistischen Zivilisation in Verbindung: Gewinn und Habgier. In den Thesen 62-66 stellt er außerdem den Umgang mit Reichtum als den zentralen Kern des Gegensatzes von Evangelium und Ablass dar:

»62. Der wahre Schatz der Kirche ist das allerheiligste Evangelium von der Herrlichkeit und Gnade Gottes.

63. Dieser ist zu Recht allgemein verhaßt, weil er aus Ersten Letzte macht.

64. Der Schatz des Ablasses jedoch ist zu Recht außerordentlich beliebt, weil er aus Letzten Erste macht.

65. Also ist der Schatz des Evangeliums das Netz, mit dem man einst die Besitzer von Reichtum fing.

66. Der Schatz des Ablasses ist das Netz, mit dem man jetzt den Reichtum von Besitzenden fängt.«[9]

Hier werden zwei Gesellschaftsordnungen gegenübergestellt – die eine, in der die Reichen an oberster Stelle stehen und in der die Kirche am Reichtum partizipiert, und die andere, in der die Armen oben stehen und in der die Kirche für die Umkehr der Reichen und die Umverteilung des Reichtums eintritt. In diesem Gegensatz steht die Gottesfrage auf dem Spiel. Das entfaltet Luther ausdrücklich in seinem *Großen Katechismus* von 1529. Zum *1. Gebot*, speziell zu dem Satz »Du sollst nicht andere Götter haben«, schreibt er: »Was heist ein Gott haben oder was ist Gott? Antwort: Ein Gott heisset das, dazu man sich versehen sol alles guten und zuflucht haben ynn allen noeten. Also das ein Gott haben nichts anders ist denn yhm von hertzen trawen und gleuben ... Denn die zwey gehoeren zuhauffe, glaube und Gott. Worauff du nu (sage ich) dein hertz hengest und verlessest, das ist eygentlich dein Gott.« (WA 30 I: 132ff.)

Diese Sätze werden in unserer bürgerlichen Tradition normalerweise auf die einzelne Person bezogen verstanden – und das ist sicher auch *ein* Sinn. Luther fährt nun aber fort, diese Sätze dadurch zu erläutern, dass er das Gegenteil Gottes, einen Abgott, benennt, dem die Mehrzahl der Menschen verfallen ist und der damit die Grundstruktur des Gesellschaftssystems bestimmt: *Mammon.* »Es ist mancher der meinet, er habe Gott und alles gnug, wenn er gelt und gut hat, verlest und bruuestet sich drauff so steiff und sicher, das er auff niemand nichts gibt. Sihe dieser hat auch einen Gott, der heisset *Mammon*, das ist gelt und gut, darauff er alle sein hertz setzet, welchs auch der *aller gemeynest [allgemeinste] Abgott* ist auff erden. Wer gelt und gut hat, der weys sich sicher, ist froelich und unerschrocken, als sitze er mitten ym Paradis, Und widderuemb wer keins hat, der zweyvelt und verzagt, als wisse er von keinem Got. Denn man wird yhr gar

[9] Zitiert nach www.ekd.de/glauben/95_thesen.html (lateinisches Original in WA 1: 233-238; die Kursivsetzungen in allen folgenden Lutherzitaten sind nicht original, sondern von mir zur Hervorhebung vorgenommen).

wenig finden, die guts muts seyen, nicht trawren noch klagen, wenn sie den Mammon nicht haben, Es klebt und hengt der natur an bis ynn die gruben.« (ebd.: 133)

Wir sind gewohnt, solche Sätze moralisch zu lesen. In Luthers Denkweise geht es bei der *Entscheidung zwischen Gott und Mammon* aber um die Existenz, um Leben und Tod. Denn der Mensch hat keine Substanz in sich selbst, sondern lebt immer aus Beziehungen (im Einzelnen Duchrow 2015).[10] Das zeigt sich in Luthers fundamentaler *Umdefinition des Substanzbegriffs*, z.B. in seiner Auslegung von Psalm 69, 3: »Ich bin versunken im Schlamm des Abgrunds, es gibt keinen Halt [im Lateinischen steht hier »substantia«]. Ich bin in Wassertiefen geraten, die Flut reißt mich fort.« Dazu schreibt er: »In der Heiligen Schrift wird der Begriff ›Substanz‹ metaphorisch gebraucht – sowohl in seiner grammatikalischen wie in seiner materiellen Bedeutung. Und so muss man es auch im Blick auf diese Schriftstelle verstehen, nicht in dem Sinn, wie die Philosophen über Substanz reden. Vielmehr bedeutet ›Substanz‹ hier ›keinen Halt‹, ›keinen festen Grund‹ unter den Füßen haben, damit man nicht in die Tiefe gezogen und untergetaucht wird. So spricht man nämlich über alles, durch das und solange etwas besteht: wie ein Reicher durch [die Anwesenheit der] Reichtümer, ein Gesunder durch Gesundheit, ein Geehrter durch die Ehre, ein Lüstling durch Lust. Denn diese Personen sind so lange, was sie sind, wie diese Dinge vorhanden sind. *So ist Substanz im eigentlichen Sinn eher eine Qualität oder etwas von außerhalb seiner selbst [extrinsecum] als das Sein einer Sache selbst.* Denn die Schrift ist nicht an dem ›Was‹ [quidditates] einer Sache interessiert, sondern vielmehr an den Qualitäten [qualitates]. Und so wie beschaffen jemand ist und handelt, dementsprechend ist er, hat er ›Substanz‹: Wenn ihm das aber fehlt, besteht er nicht fort, hat er keine Substanz. Auf diese Weise sind ein Armer, ein mutlos Verzweifelter, ein Selbstquälerischer ohne Substanz ... Darum kurz zusammengefasst: Die ›Substanz‹ von etwas

---

[10] An dieser Stelle wäre es interessant, die Verbindung zur Hegelschen und Marxschen Dialektik herzustellen.

in dieser Welt nennen wir das, durch das etwas in diesem Leben bestehen und blühen kann.« (WA 3: 419, eigene Übersetzung)

Diese Reflexion Luthers revolutioniert die griechische, die darauf aufbauende scholastische Ontologie und die neuzeitliche Metaphysik auf der Basis von Descartes von Grund auf, und zwar vom hebräischen Denken, der Schrift, her. Etwas, ein individuell Seiendes, hat seine Substanz nicht in sich selbst und setzt sich von daher in Beziehung zu anderem Seienden. Vielmehr geht die Relation dem Einzelnen voraus. Das Einzelne existiert überhaupt nur aus den Relationen heraus, also »von außen«, in Bezug zu anderem. Dies entspricht nicht nur der Bibel, sondern auch buddhistischem Denken, wie Karl-Heinz Brodbeck (2012) herausgearbeitet hat: »Luther und Calvin waren die Speerspitze der Entmachtung des Kategorienbegriffs, in eins gedacht mit aristotelischer Metaphysik.« (ebd.: 33) »Die Relation hat Priorität vor den Relaten, während das europäische Denken ... einen Jahrtausende währenden Streit darüber führte, welchem der Relate in der Relation der Vorrang gebühre, welches der Relate das je andere bestimme, bedinge usw.« (ebd.: 44) »Die Hobbessche Vorstellung einer Menge von Individuenatomen, die gegeneinander gewaltsam konkurrieren, ist eine leere Konstruktion, mehr noch, eine Extrapolation des Krieges und der frühkapitalistischen Konkurrenz der Eigentümer. Säuglinge hängen von Müttern ab, sie konkurrieren nicht; und noch der gewalttätigste Krieger benötigt Bauern und Handwerker oder eine Industrie, die ihn und seine Mittel erhalten.« (ebd.: 46)

Diese Analogie zwischen der Bibel und dem Buddha ist auch gar nicht verwunderlich, weil eben die Achsenzeitreligionen alle nicht nur auf die zerstörerischen sozialen Folgen der entstehenden Geld-Privateigentum-Wirtschaft reagieren, sondern auch auf die Illusion des ego-zentrierten Geldsubjekts, wie wir in Kapitel 3 im Einzelnen sehen werden. Wie Luther in seiner Auslegung des Psalms 69 zeigt, hat der Reiche, der unendlich Geld zu akkumulieren trachtet, eben kein Sein, keine Substanz in sich selbst, sondern nur in seinen Reichtümern. Wenn diese verschwinden, ist er auch am Ende. Von hier aus gewinnt Jesu und Luthers zentrale Alternative »Gott oder Mammon« auch ontologische Bedeutung. Menschen sind eben keine neutralen, in sich ruhenden individuellen Entitäten, sondern sie werden immer schon von außen gegründet, bestimmt, »geritten«, wie Luther auch sagt. Die Gottes- oder Abgottbeziehung ist dann die umfassende Begründung und Grundausrichtung, aus der heraus sich Menschen auf alles Übrige beziehen. Im einen Fall versuchen sie, alles im Blick auf ihr Ego zu instrumentalisieren – und zerstören dadurch auch die Gesellschaft und schließlich sich selbst. Im andern Fall leben sie aus den Gaben Gottes (Glauben, Vertrauen in Gottes Gerechtigkeit) und finden selbst Erfüllung in den Anderen, im Wohl der Anderen und damit auch ihrem eigenen Wohl.

Entsprechend versteht Luther Sünde als illusionäre Egozentriertheit, als »In sich selbst Verkrümmtsein« (incurvatus in se), als Abgeschnittensein von der Lebensquelle. Genau dahin führt der Geldgott, Mammon. Das hatte Luther am eigenen Leib erfahren. Als Mönch versuchte er zunächst, Heilsgewissheit in der beschriebenen Weise einer Kalkulation des Tuns guter Werke gegenüber dem Vertragspartner Gott zu erlangen. Dies muss notwendigerweise in tiefe Zweifel, ja, Verzweiflung führen. »Die vom Geld modifizierte Subjektivität findet in sich weder Wahrheit, Wissen noch Gewissheit. Das Wissen um in Geld gemessene Werte ist seinem Wesen nach Schein; seine Wahrheit ist der zirkuläre Glaube an einen Wert. Doch dieser Glaube ist ohne Grund. Deshalb ist das Geldsubjekt als zweifelndes bestimmt. Das zweifelnde Subjekt, das nach einigen Anklängen bei Augustinus und Descartes auf den Begriff gebracht wurde, ist Selbstreflexion des Geldsubjekts.« (ebd.: 887) Natürlich hatte Luther kein Bewusstsein davon, dass seine Probleme damit zusammenhängen, dass er seine Gottesbeziehung in den traditionellen Kategorien der Geldzivilisation versteht. Aber genau dies ist der Fall, weil dadurch der Andere immer nur als der abstrakte Andere erscheint, mit dem man in einem geldvermittelten Vertragsverhältnis steht. Und da der so verstandene Gott unbezahlbare Schulden einfordert, muss es zu Selbstzweifeln kommen, da es unmöglich ist, diesen Forderungen nachzukommen.

Von daher ist es mehr als eine Einzelfrage, dass Luther bei *Paulus* einen grundsätzlich anderen Ansatz findet, und zwar in zweifacher Hinsicht. Bei Paulus lässt sich erstens sehr gut zeigen, dass die Ablehnung des vom Geld induzierten Individualismus nicht die Einebnung der Personen bedeutet. Genau umgekehrt: Die Einmaligkeit der Personen kommt gerade darin zum Ausdruck, dass sie im Blick auf die Gemeinschaft jeder und jede ein besonderes Charisma haben (1 Kor 12 und Röm 12, 3-8). Der Unterschied zum Geldindividualismus ist deutlich: Hier werden die Menschen auf abstrakte und gleichzeitig konkurrierende Eigentümer reduziert. Als mit Charismen begabte Personen sind sie gleichzeitig einmalig und gemeinschaftsbezogen. Damit lässt sich die Betonung der Individualität in der Neuzeit durchaus emanzipatorisch aufgreifen, aber eben im Blick auf die Gemeinschaft nicht destruktiv, sondern ebenfalls emanzipatorisch. Es gibt zunehmend Ansätze, die diesen Ansatz unter modernen Bedingungen plausibel machen – etwa unter dem Aspekt »Identität als Netzwerk« (Schäfer 2015).

Zweitens konkretisiert sich Luthers reformatorischer Durchbruch mithilfe des Paulus zuerst an der Verwerfung des gekauften Heils im Ablasshandel. Schon in der ersten Römerbriefvorlesung von 1515/16 hatte er aus Vers 1, 17 (»... die Gerechtigkeit, die vor Gott gilt, welche kommt aus Glauben in Glauben«) entdeckt, dass Gott die Gerechtigkeit dem Glaubenden frei schenkt – ohne kalkulierte Werke (WA 56: 10f. und 121f.).[11] Im Sermon von der doppelten Gerechtigkeit (1518) ist das Konzept in voller Form ausgearbeitet (WA 2: 145ff.). Ein Gott, der gratis schenkt, ändert alle Beziehungen, auch die ökonomischen und vor allem die sozialen. Umgekehrt sind Mammonsdiener gezwungen, auf alle Weise Güter und Dienstleistungen an sich zu bringen. Und wenn ein ökonomisches System darauf aufgebaut ist und davon angetrieben wird, dass alle Eigentümer so viel wie möglich akkumulieren, dann funktioniert das nur auf Kosten anderer.

Genau hier sieht Luther die *Verkoppelung von Gottes- oder Götzenbezug und kapitalistischem System*. Im großen Katechis-

[11] Dabei ist es für unseren Zusammenhang unwichtig, wann und wie Luther den reformatorischen Durchbruch erreichte (dazu Schilling 2012: 144ff.).

mus zeigt er mit seiner Auslegung des *7. Gebots »Du sollst nicht stehlen«*, welche strukturellen ökonomischen und sozialen Folgen sich aus der Abgötterei ergeben: »denn es sol … nicht allein gestolen heissen, das man kasten und aschen reumet, sondern *umb sich greiffen auff den marckt*, in alle kreme [Geschäfte], scherren [Fleischerbuden], wein und byr keller, werckstete und kuerzlich, wo man hantieret, *gelt um wahre oder arbeit nimpt und gibt* … Also auch fort *auff dem marckt und gemeinen hendeln* gehet es mit voller macht und gewalt, da einer den andern oeffentlich mit falscher ware, mas, gewicht, muentze betreugt und mit behendickeit und seltzamen fynantzen [Betrügereien, Finanztricks] odder geschwinden fundlin. Jtem mit dem kauff ubersetzet [übervorteilt] und nach seinem mutwillen beschweret, schindet und plagt. Und wer kan solchs alles erzelen odder erdencken? Summa, das ist das [all]gemeinste handwerck und die grosse zunfft auf erden und wenn man die welt itzt *durch alle stende* ansihet, so ist sie nichts anders denn ein grosser, weitter stall vol grosser diebe. Darumb heissen sie auch stulreuber [Personen, die Zins nehmen = Wucherer], land und strassen diebe, nicht Kastenreuber noch meuchel [heimliche] diebe, die aus der barschafft zwacken, sondern die auff dem stul sitzen, und heissen grosse Junckern und ersame, frome burger und mit gutem schein rauben und stelen ... die grossen gewaltigen *Erzdiebe* (mit welchen herrn und Fuersten gesellschafft machen), die nicht eine stad odder zwo sondern ganz deutschland teglich austelen.« (WA 30.1: 164f.)

Luther redet hier sehr präzise ökonomisch. Es geht ihm ausdrücklich nicht um die kleinen Diebe, sondern um das frühkapitalistische Marktsystem als Raubsystem. Er redet zwar auch von konkretem Fehlverhalten wie Warenbetrug, falsche Waage oder Finanztricks. Er nennt es »übervorteilen«. Aber er zieht die Summe daraus, dass das Gesamtsystem »ein weiter Stall voll großer Diebe« ist. Er spricht von »durch alle Stände«. Das heißt, alle, die in diesem System mit Wirtschaft zu tun haben, alle die mit Politik zu tun haben, und alle, die mit Kirche zu tun haben, sind Teil dieses Raub-Marktsystems. »Also sol es allen andern gelingen, so *aus dem offenen freyen marckt nichts denn ein schindeleich [Friedhof] und raubhaus machen, da man teglich die armen ubersetzet [übervorteilt]*, newe beschwerung und teurung macht und iglicher des marcks braucht nach seinem mutwillen, trotzet und stoltzet dazu, als habe er gut fug und recht, *das seine so tewer zugeben als yhn geluestet*, und sol yhm niemand drein reden.« (ebd.: 166f.) An dieser Stelle greift Luther zurück auf seine ausführliche Schrift zur Wirtschaft: »*Von Kaufshandlung und Wucher*« (1524, WA 15: 279-322). Hier setzt er sich im ersten Teil mit dem Kaufmannskapital und im zweiten mit dem Geldkapital auseinander.

Das Kaufmannskapital

Luther beginnt damit, dass er eine *(Markt-)Wirtschaft, die dem Bedarf der Menschen dient*, als notwendig und lobenswert darstellt: »Das kan man aber nicht leucken [leugnen], das keuffen und verkeuffen eyn nottig ding ist, des man nicht emperen und wol Christlich brauchen kan sonderlich *ynn den dingen, die zur nott und ehren dienen*. Denn also haben auch die Patriarchen verkaufft und gekaufft vieh, wolle, getreyde, butter, milch und ander gueter. Es sind Gotts gaben, die er aus der erden gibt und unter die menschen teylet.« (WA 15: 293)

Was er hier sagt, scheint selbstverständlich zu sein, ist es aber nicht. Denn kapitalistische Wirtschaft ist prinzipiell nicht vom Bedarf bestimmt, sondern von der Maximierung des Profits auf investiertes Kapital. Außerdem betrachtet sie die Welt nicht als Gabe, sondern als Ware. Schließlich sind die Produkte im Kapitalismus nicht zu teilen, sondern an Kaufkräftige mit Gewinn zu verkaufen. Wir haben also in diesem schlichten Satz fast alle Elemente, die den Unterschied einer am Bedarf (d.h. am Gebrauchswert der Waren) orientierten Wirtschaft zu einer (am Tauschwert orientierten) Mammonswirtschaft kennzeichnen. Festzuhalten ist, dass es offenbar auch einen Gebrauch von Geld gibt (»kaufen und verkaufen«), der nicht kapitalistisch ist, also nicht die Akkumulation von Geld zum Ziel hat, sondern der Geld als Mittel nutzt. Luther meint hier das, was Marx später in die Formel fasst: Ware – Geld – Ware (W-G-W').

Danach lehnt Luther im gleichen Atemzug den Fernhandel ab, der nur dem Luxus dient: »*Aber der auslendische kauffs handel,* der aus Kalikut [Kalkutta] und Indien und der gleychen wahr her bringt, alls solch kostlich seyden und golltwerck und wurtze, die nur zur pracht und keynem nutz dienet und land und leutten das gellt aus seuget, sollt nicht zu gelassen werden, wo wyr eyn regiment und fursten hetten... Gott hatt uns deutschen dahyn geschlaudert, das *wyr unser gollt und sylber mussen ynn frembde lender stossen*, alle wellt reych machen und selbst bettler bleyben. Engeland sollt wol weniger gollts haben, wenn deutsch land yhm seyn tuch liesse, und der koenig von Portigal [siehe auch Fleischmann 2010: 102] sollt auch weniger haben, wenn wyr yhm seyne wurtze liessen. Rechen du, wie viel gellts eyne Messe zu Franckfurt aus deutschem land gefurt wird on nott und ursache, so wirstu dich wundern, wie es zu gehe, das noch eyn heller ynn deutschen landen sey. *Franckfurt ist das sylber und gollt loch*, da durch aus deutschem land fleusst, was nur quillet und wechst, gemuntzt odder geschlagen wird bey uns. Were das loch zugestopfft, so durfft man itzt der klage nicht horen, wie allenthalben eytel schuld und keyn gellt, alle land und stedte mit zinsen beschweret und ausgewuchert sind.« (WA 15: 293f.)

Frankfurt war also damals schon Messestadt – allerdings in einer schwächeren Position als heute. Wir können uns das am besten so vorstellen, dass Deutschland damals in der Position eines heutigen »Entwicklungslandes« gegenüber den heutigen »entwickelten« Industrieländern war. Damals waren England mit seiner Tuchproduktion und Portugal mit seinen Fernhandelsnetzen die fortschrittlichsten Länder. Das stimmt allerdings nicht ganz, wenn man an die Fugger und Welser in Augsburg denkt, worauf wir gleich zurückkommen werden. Jedenfalls fordert Luther hier von den politischen Institutionen den Schutz der eigenen bedarfsorientierten Wirtschaftszweige.

Die zentrale Kritik Luthers im Blick auf das Kaufmannskapital zielt allerdings auf etwas Anderes: die Deregulierung der Preise in einem monopolisierten Markt: »*Erstlich* haben die kauffleut unter sich ein gemeyne regel, das ist yhr heubtspruch und grund aller fynantzen, da sie sagen ›*Ich mag meyne wahr so thewr geben alls ich kann*‹. Das hallten sie fur eyn recht, da ist dem geytz der raum gemacht und der hellen thur und fenster alle auffgethan. Was ist das anders gesagt denn so viel: Ich frage nichts nach meynem nehisten? Hette ich nur meynen gewynn und geytz vol, was gehet michs an, das es zehen schaden meynem nehisten thet auff eyn mal? Da sihestu, wie diser spruch so stracks unverschampt nicht alleyne widder die Christliche liebe, sondern auch widder das naturlich gesetz feret. Was sollt nu gutts ym kauffhandel seyn? was sollt on sunde seyn, wo solch unrecht das heubtstuck und regel ist des gantzen handels? Es kan *damit der kauffhandel nichts anders seyn, denn rawben und stelen den andern yhr gutt.« (ebd.: 294f.).*

Hier haben wir die Begründung, warum Luther das kapitalistische Marktsystem strukturell als Raubsystem ansieht: In einem freien Konkurrenzmarkt können die Stärkeren die Preise zu ihren Gunsten manipulieren und die Notlage von Schwächeren ausnutzen. Hierzu gibt er verschiedene Beispiele, die er selbst erlebt oder von anderen gehört hat. Er will »ettliche solcher tuck und boese stuck, so ich selbs vermarckt und durch frumme gutte hertzen myr sind angezeygt, erzelen«. Er nennt die Geschäftstricks und schlauen Listen auch »fynantzen« und weist die Kaufleute darauf hin, »das unter yhrem handel manch boeser griff und schedliche fynantze ym brauch sind« (ebd.: 293). Dazu gehören u.a.:

- *Termingeschäfte*: »sie yhr wahr auff borgen und zeyt theurer verkeuffen denn umb bahr gellt« (ebd.: 305).
- *Spekulatives Ausnutzen* von Knappheit in einer Notlage: »ettliche yhr gut theurer verkeuffen, denn es auff gemeynem marckt gild und ym kauff geng und gebe ist, Und steygern also die wahr aus keyner ursach, denn das sie wissen, das des selbigen gutts keyns mehr ym lande ist odder ynn kurtz keyns mehr komen wird, und man es haben musse« (ebd.).
- *Monopolbildung* durch künstliche Verknappung: »ettliche eyn gut odder wahr ynn eym lande odder ynn eyner stad gantz und gar auffkeuffen, auff das sie alleyne solch gut gantz und gar ynn yhrer gewalt haben und darnach setzen, steygern und geben mugen, wie theur sie wollen odder konnen« (ebd.). Hier wird ausführlich der Einwand abgewehrt, auch Joseph habe das so gemacht, nachdem er in sieben guten Jahren Reserven gebildet habe und so in den sieben schlechten Jahren die ganze Bevölkerung abhängig machen konnte (1. Mose 41). Denn

Joseph habe hier aus kluger Voraussicht und für das Allgemeinwohl gehandelt.

- *Dumpingpreise*: »geben yhr gut so wol feyl, das die andern nicht mugen zukomen, Und zwingen sie damit dahyn, das sie enttweder nicht mussen feyl haben odder mit yhrem verderben so woll feyl geben alls ihene. Also komen sie doch zum Monopolion« (ebd.: 307).
- *Leerverkäufe*: »eyner eym andern verkeufft mit worten ym sack die wahr, die er selbst nicht hat« (ebd.).
- *Ausnutzen der Notlage* eines anderen Kaufmanns, der Bargeld braucht und erpressbar ist, seine Ware unter Preis zu verkaufen. »Und wo er eynen kauffman weys, der gedrenget wird von seynen leyhern, das er gellt mus haben zu zalen und doch nicht hat, sondern noch gute wahr hat, So macht ihener eynen aus von seynen wegen, der dissem die wahr ab keuffen soll, und beutt yhm .viij. gulden, do es sonst gerne .x. gillt.« (ebd.: 308)
- *Kartellbildung* durch Monopolisten: »Item das ist auch eyn gryff des eygen nuetzes, das drey odder vier kauffleut haben eynerley odder zweyerley wahr unter yhren henden, wilche ander leutte nicht haben odder nicht feyl haben. Wenn sie nu mercken, das solche wahr will gellt gelten und alle tage theurer wird von kriegs wegen odder unfalls halben, So rotten sie sich und geben den andern fur, wie solche wahr fast gesucht werde, und nicht viel sind, die der gleychen feyl haben.« (ebd.)

Aus alledem zieht Luther die Konsequenz, dass das *System des kapitalistischen Kaufmannskapitals,* wie es in länderübergreifenden Bank- und Handelsgesellschaften – den heutigen Transnationalen Konzernen – wie den Fuggern zum Ausdruck kommt, *zu verwerfen* ist und abgeschafft werden muss: »Von den [Bank- und Handels-]Gesellschafften sollt ich wol viel sagen. Aber es ist alles grundlos und bodelos mit eyttel geytz und unrecht, Das nichts dran zufinden ist, das mit gutem gewissen zu handeln sey. Denn wer ist so grob, der nicht sihet, wie die gesellschafften nicht anders sind denn eyttel rechte Monopolia? Wilche auch die weltliche heydenische rechte verbieten als eyn offentlich schedlich ding aller wellt, ich will des goetlichen rechts und Christlichs gesetz schweygen. Denn sie haben alle wahr unter yhren henden, und machens damit wie sie wollen, und treyben on alle schew die obberuerten [oben erwähnten] stuck, das sie steygern odder nyddrigen nach yhrem gefallen, und drucken und verderben alle geringe kauffleute, gleich wie der hecht die kleyne fisch ym wasser, gerade alls weren sie Herrn uber Gottes Creaturen und frey von allen gesetzen des glaubens und der liebe.« (ebd.: 312f.)

Hier wird die Kritik am kapitalistischen Marktsystem noch einmal zugespitzt darauf, dass es zu Monopolbildung und damit Vermachtung des Marktes führt mit der Zerstörung von kleinen und mittleren Betrieben. Das heißt, wirtschaftliche Macht wird politische Macht und bestimmt somit die gesamte Gesellschaft. Man muss sich nur einmal vor Augen führen, wie Jakob Fugger Kaiser Karl V. unter Druck setzt, um zu verhindern, dass Anti-Monopolgesetze eingeführt werden, wofür nicht nur Luther, sondern viele Kräfte im Reich sich einsetzten (vgl. Fleischmann 2010: 109ff.). Er konnte schlicht auf den Stimmenkauf bei der Wahl Karls zum Kaiser hinweisen und auf dessen Angewiesenheit auf die Finanzierung des nächsten Krieges. Theologisch kommt noch einmal der Rückverweis darauf, dass sich diese Großkapitalisten an die Stelle Gottes setzen zum Schaden für Gottes Kreaturen.

Weil in und mit solchen Kapitalgesellschaften nur Unrecht und Ungerechtigkeit produziert werden kann, sind sie prinzipiell abzulehnen, zu boykottieren und abzuschaffen. Diese *prinzipielle Verwerfung des Frühkapitalismus als System* ist das Neue an Luther im Vergleich mit den Reformbewegungen des Mittelalters. »Darumb darff niemant fragen, wie er muge mit guetem gewissen ynn den gesellschafften seyn. Keyn ander rad ist Denn: Las Abe, Da wird nicht anders aus. Sollen die gesellschafften bleyben, so mus recht und redlickeyt untergehen. Soll recht und redlickeyt bleyben, so mussen die gesellschafften ... unter gehen.« (WA 15: 313) Wie das geschehen sollte und kann, muss uns gleich noch beschäftigen, nachdem wir auf Luthers Auseinandersetzung mit dem Geldkapital geblickt haben.

Das Geld- oder Wucherkapital

Bei der Frage des Geld- oder Wucherkapitals sind besonders zwei Schriften Luthers heranzuziehen: *Der große Sermon vom Wucher* von 1520 (WA 6: 36-60, mit einem kleinen Nachwort aus WA 15: 321f.), der auch in *Von Kaufshandlung und Wucher* 1524 wieder abgedruckt ist, sowie die Spätschrift *An die Pfarrherrn, wider den Wucher zu predigen, Vermahnung* von 1540 (WA 51: 331-424). Der Sermon vom Wucher hat zwei Teile, deren erster die Frage spezifischen christlichen Handelns betrifft. Daraus ist hier zunächst nur grundsätzlich festzuhalten, dass Luther das Zinsverbot der Bibel mit dem noch geltenden kanonischen und weltlichen Recht strikt festhält.

Der zweite Teil des Sermons setzt sich kritisch mit der Rechtsordnung neuer Geldgeschäfte auseinander, besonders mit dem *Kaufen* und dem *Ausleihen*. Um dem Trend zur Reichtumsanhäufung dennoch auch eine rechtliche Basis zu geben, waren alle möglichen Konstruktionen entwickelt worden – heute nennt man das neue »Finanzinstrumente« – darunter die Institution des »Zinskaufs«. Dabei handelt es sich um eine Art Hypothekengeschäft (Details bei Prien 2012: 62ff.). Der Schuldner heißt Verkäufer oder Zinsmann, weil er die Erträge oder einen Teil der Erträge des belasteten Grundstücks als Rente an den Gläubiger oder Zinsherrn verkauft. Luther ist sehr kritisch gegenüber dieser Neuerung, die auch Rentenkauf genannt wird. Das grundlegende Problem liegt darin, dass bei dieser Einrichtung das Kapital immer mehr Vorteile hat als die Arbeit: »Nu ist in dißem kauff alzeyt des kauffers oder zinß herrn vorteyl groesser, besser und yderman gefelliger angesehn, dann des vorkauffers odder zinß manß.« (WA 6: 51) Denn diejenigen, die beispielsweise mit dem Geld ein Feld bearbeiten, wissen gar nicht, ob es in der Zukunft eine gute Ernte gibt, während bei einem vorher festgelegten Zins = Rente der Gläubiger immer sein sicheres Einkommen hat.

»Derhalben ich nit mag schließen, das die zinß kauffer recht und billich handeln, die seyn nit bedurffen. Ja ich frey sage und warne, das die reychen, die disses kauffs nit anders prauchen, dan nur zu meyren yhre zinß und gutter, unangesehen, das andere da durch beschweret werden, yn grosser far stehen...« (ebd.: 53)

Die Verteidiger des Zinskaufs argumentieren mit dem Begriff des »Interesses« des Gläubigers. Dagegen hebt Luther wieder das Interesse des Zinsmannes hervor, der das ganze Risiko trägt: »wen ich hundert gulden hab und damit gewerben soll, mag mir hundertherley far begegen, das ich nichts gewinne, ja noch viermall ßo viell vorlire dartzu, eben umb desselben gellts willen, odder vor kranckeit nit werben mag, odder keyn wahr noch gutt vorhanden ist, und der fell untzellich vill, wie wyr sehn, das der vorterben, vorlust, schaden mehr seyn, dan des gewynnen. Alßo ist das interesse des vorliren wol ßo groß oder groesser, dan das interesse des gewinst... Der halben die auff solch interesse alleyn sehen und handelnn, seynd erger dan wucherer, ja sie kauffen das erst interesse durch das ander interesse und gewynnen eben da mit, da ander leut mit vorliren.« (ebd.: 53f.) Deshalb lehnt Luther den Zinskauf ab, insbesondere den »blinden« Zinskauf, bei dem eine Person oder Kommune mit dem gesamten Eigentum haftet, und fordert seine Abschaffung, auch wenn er zu seiner Zeit rechtlich möglich geworden war.

Ein weiteres zentrales Argument ist von Aristoteles genommen, dass Geld aus sich heraus nichts erzeugen kann. Wenn es Zins selbst in der Form eines Zinskaufs hervorbringt, ist dies wider die Natur. In Wirklichkeit wälzt ein solches Geschäft nämlich das Risiko nur auf den arbeitenden Zinsmann ab. »Dan der zinßman mit seynem gut ist unterworffen gottis gewalt, dem sterben, krancken, wasser, fewr, lufften, hagell, donner, regen, wolffen, thieren unnd boeßer menschen manichfeltig beschedigung. Dißе fahr allesampt sollen den zinß hern betreffen, dan auff solchen und nicht andern grund stehen seyne zinß. Es gepurt yhm auch nit ehr zinß fur seyn gelt, es sey dan, das der zinß man oder vorkauffer des gutis eygentlich bestympt und seyner arbeyt frey, gesund und on hyndernіß prauchen muge. Das beweret sich auß der vornunfft, natur und allen rechten, die do eyntrechtlich sagen, das die fahr des vorkaufften dings sthee bey dem kauffer. Dan der vorkauffer ist nit schuldig dem kauffer seyne ware zu behuten. Alßo wo ich zinß auff eynem benanten grund kauff, *ßo kauff ich nit den grund, ßondern die arbeyt unnd muhe des zinßmans* auff dem grund, da mit er mir meyn zinß bringe.« (ebd.: 56f.) Der letzte Satz ist deshalb besonders interessant, weil – wie auch schon beim Kaufmannskapital – Luther deutlich macht, dass der Gewinn eigentlich aus der Arbeit gezogen wird.

Die einzige Ausnahme, die Luther zulässt, ist, wenn beide Teile bedürftig sind, sich zusammenzutun mit Geld und Arbeit, so dass sie beide davon leben können – also nicht ein Reicher sein Geld über den Zinskauf vermehrt. Dem Prinzip nach propagiert Luther bei solchen Produktivkrediten eine Form von Beteiligungswirtschaft. Geld und Arbeit sollen zusammen etwas erwirtschaften und dann das Ergebnis teilen – im Nachhinein, nicht vorher berechnet mit festen Zinsen für das Kapital. Das Risiko soll geteilt werden. Die Rente/Zins wird so vom Wirtschaftsergebnis abhängig gemacht: »das kauffer und vorkauffer beyderteyl des yhren bedurffen, derhalben noch (weder) leyhen noch geben vormuegen, sondern sich mit des kauffs wechsel behelffen mussen. Wan nu das geschicht an ubirtretung des geystlichen gesetz, das man auffs hundert 4, 5, 6 gulden gibt, lest sichs tragen, doch soll allzeyt die gottis forcht sorgfeltig seyn, das sie mehr forchte, sie nhem zuvil dan zu wenig, das der geytz nit neben der sicherheyt des zimlichen kauffs eynreysse. Ihe weniger auffs hundert, yhe gottlicher und Christlicher der kauff ist.« (ebd.: 58) Dieser Ausnahmevorschlag wird oft falsch wiedergegeben, so als ob Luther generell 4-6% Zins auf Kredite für richtig hält. Nichts ist falscher als dies, wie sich besonders noch einmal in seiner letzten Schrift zum Thema zeigt.[12]

Das Schreiben der *Vermahnung an seine Pfarrherrn wider den Wucher zu predigen* begründet Luther damit, dass nicht nur seine frühere Schrift nicht gehört wurde, sondern dass der Wucher

---

[12] Auf Calvin kann ich hier nicht eingehen. Auch er argumentiert sehr strikt gegen Zinsnehmen, aber weniger prinzipiell als Luther: »Es ist kaum möglich, dass einer, der Zins nimmt, seinen Bruder damit nicht belastet, und darum wäre zu wünschen, dass die Namen Wucher und Zins begraben und aus dem Gedächtnis der Menschen völlig getilgt wären. Weil aber ein Geschäftsverkehr sonst unter den Menschen nicht möglich ist, darum muss man immer darauf achten, was erlaubt ist, und wieweit es erlaubt ist.« (Calvin 287ff.) In dieser Perspektive erlaubt er bei Produktivkrediten 5-6%, wenn es zu beider Partner Nutzen ist.

sich inzwischen so etabliert hat, dass er nicht mehr als Sünde gilt, sondern sogar als etwas Gutes, Hilfreiches und Christliches. »Jch hab vor funffzehen iaren wider den wucher geschrieben, da er bereit an so gewaltig eingerissen war, das ich keiner besserung zu hoffen wuste, Sint der zeit hat er sich also erhebt, das er nu auch kein laster, sunde oder schande sein wil, sondern lesst sich rhumen fur eitel tugend vnd ehre, als thu er den leuten grosse liebe vnd Christlichen dienst.« (WA 51: 331) Aus diesem Satz kann man sehen, wie rasant sich die Wahrnehmung des Geldvermehrens im ersten Drittel des 16. Jahrhunderts verändert hatte. Man konnte es bereits mit Euphemismen wie »Dienstleistung« kaschieren. Selbst wenn die Fehlentwicklung kaum noch zu stoppen scheint, müssen doch die Pfarrersleute treu das Evangelium predigen und sich nicht anpassen, damit sie nicht mitschuldig werden.

Luthers Grundthese, die er dann im Folgenden gegen Einwände verteidigt, lautet: »Erstlich vom Leyhen vnd Borgen. Wo man geld leyhet, vnd dafur mehr oder bessers fordert oder nimpt, das ist wucher ynn allen rechten verdampt. Darumb alle die Jhenen, so fünffe, Sechs oder mehr auffs hundert nemen, vom gelihen gelde, die sind wucherer, darnach sie sich wissen zu richten. vnd heissen des geitzs oder Mammon abgottissche diener vnd mugen nicht selig werden, sie thun denn busse. Also eben sol man von korn, gersten vnd ander mehr wahr auch sagen, das wo man mehr oder bessers dafur fordert, das ist wucher, gestolen vnd geraubt gut.« (ebd.: 332f.)

Hier zeigt sich noch einmal, dass es falsch ist zu behaupten, Luther habe im Lauf seines Lebens Zinsen von bis zu 6% akzeptiert. Dies ist eine Spätschrift. Danach hat er sich nicht mehr zur Sache geäußert. Ebenso verwirft er den Euphemismus zu sagen, man tue doch ein gutes Werk, wenn man anderen leihe (und gemäßigt Zinsen nimmt), und diene damit Gott – nein, sagt Luther, man dient einem Gegengott, Mammon.

Ein Einwand lautete damals: Wenn aber jemand zu einem vereinbarten Zeitpunkt Geliehenes nicht zurückzahlt und dadurch Schaden entsteht (dass z.B. jemand einen nur zu dem Zeitpunkt angebotenes Haus oder einen Garten nicht kaufen kann), muss doch Zins gezahlt werden. Nein, sagt Luther, dieser damals so genannte »Schadewacht« ist kein Zins, sondern die Zahlung eines Schadens. Und das muss der Schuldner natürlich begleichen. Darum ist es normalerweise nur ein Vorwand, wenn man unter diesem Titel Zinsen berechnet.

Im Rahmen von geschichtlichen Beispielen für die Bekämpfung des Wuchers geht Luther noch einen Schritt weiter und sagt mit dem Römer Cato, dass *Wucher nicht nur Raub, sondern Mord* ist. Das begründet er so: » Die Heiden haben konnen aus der vernunfft rechen, das ein wucherer sey ein vierfeltiger dieb vnd ein morder. Wir Christen aber halten sie ynn solchen ehren, das wir sie schier anbeten vmb yhres goldes willen achten nicht, welch einen grossen hohn vnd schmach wir damit thun dem Christlichen namen vnd Christo selbs, Denn wo wir gleich nicht Christen weren, muste vns die vernunfft eben so wol sagen als den Heiden, das ein wucherer ein morder sey, Denn *wer einem andern seine narung aufsaugt, raubt vnd stielet, der thut eben so grossen mord* (so viel als an yhm ligt.) als der einen hungers sterbet vnd zu grund verderbet. Solchs thut aber ein wucherer, vnd sitzt die weil auff seinem stul sicher.« (ebd.: 361f.) Wer durch Geldgeschäfte anderen die Nahrung stiehlt, mordet. Das ist ein Gedanke, der in der Zukunft große Bedeutung erhalten sollte. Shakespeare sprach ihn ebenfalls aus und wurde anschließend von Karl Marx[13] zitiert (MEW 23: 511; siehe auch Hinkelammert 1985: 38). Heute sagt Jean Ziegler: »Ein Kind, das heute an Hunger stirbt, wird ermordet.« Und Papst Franziskus stellt fest: »Diese Wirtschaft tötet.« Darauf werden wir in den folgenden Kapiteln immer wieder zurückkommen.

Ein weiterer Text, den Karl Marx zitiert, zeigt, wie *Geld und Macht* zusammenhängen, ja, dass eigentlich *Wucherer die Rolle Gottes* einnehmen wollen, aber gerade deshalb eine zerstörerische Wirkung entfalten. Hinter dem kapitalistischen System steht nicht nur insofern tödlicher Götzendienst, als man dem Mammon traut, sondern auch insofern, als »ein mensch gern des an-

---

[13] Ich zitiere Marx (und auch Engels) nach »Karl Marx-Friedrich Engels-Werke«, Dietz Verlag Berlin, 1981ff., mit allen dort vorhandenen Kursivschreibungen, verzichte daher auf eigene.

dern Gott were [. Das] kompt vom Apffel her ym paradis, Da Adam vnd Eua yns teuffels namen, wolten Goetter sein, Den selben apffel hat yderman noch ym magen ... ein wucherer vnd geitz wanst der wolt das alle wellt musse ynn hunger durst, iamer vnd not verderben, so viel an yhm ist, auff das er alles allein mocht haben, vnd yderman von yhm als von einem Gott, empfahen vnd ewiglich sein leibeigen sein ... Also gar susse ist die gifft des Apfels ym Paradis, das sie wollen Mammon zum Gott haben vnd durch seine macht Gotter werden vber arme, verdorbene, elende leute nicht zu helffen noch zu retten, Sondern noch tieffer vnd mehr zu verderben.« (WA 51: 394-397) Hier ist wie im Ersten Testament der Zusammenhang von Götzendienst und Tod, Hunger und Elend ausgesprochen.

Diese *zerstörerische Wirkung* hat der Wucher nicht nur auf einzelne Personen, sondern auf *ganze Gesellschaften*. Schon gegen den Zins-/Rentenkauf stellt Luther in »Kaufshandlung und Wucher« fest, dass dieser die Arbeit aussaugt und für Land und Leute zerstörerisch ist, weil er einen festen Zins fordert, obwohl das wirtschaftliche Ergebnis mal gut mal schlecht ist: »Nu aber der zinskauff auff bestympten gewissen summen stehet, alle jar gleich zu reychen, es geratte odder geratte nicht, so mus wol land und leutte verderben. Denn er nympt und keufft ungleiche jar fur gleiche jar und arme jar fur reyche jar, Ja er keufft Gottes segen, noch nicht gegeben, fur eynen gegebenen. Das kan und mag nymer mehr recht seyn. Denn damit *seugt eyner dem andern schweys und blut aus*. Darumb ists keyn wunder, das ynn diesen kurtzen jaren, so lange dieser zinskauff ym brauch gewest ist, nemlich bey hundert jaren, alle Fuerstenthum und Land verarmet und versetzt und verdorben sind.« (WA 15: 322)[14]

Das Gleiche beschreibt er in der Vermahnung an die Pfarrer als »fressendes Kapital« – nun sogar auf die ganze Welt bezogen: »Deudschland wird mit fursten, herrn, landen vnd leuten der

---

[14] Sehr interessant ist Luthers mehrfaches Zurückkommen darauf, dass das Kaufmanns- und Wucherkapital sich anmaßt, die Zeit zu beherrschen, und auch damit die Rolle Gottes beansprucht. Dazu bietet Fleischmann (2010: 70ff.) eine sehr gute Interpretation.

Wucherer leib eigen werden, Hats doch ynn diesen zwentzig iaren ia zehen iaren gefressen das einem das hertz dafur erschrecken mus, der es ein wenig ansihet, Vnd steiget frisst schlingt on vnterlas yhe lenger yhe grewlicher ... Wer nu itzt zu Leyptzig hundert fl [Florin] hat, der nimpt ierlich vierzig, das heisst einen bauren oder burger ynn einem iar gefressen, Hat er tausent fl. so nimpt er ierlich cccc. das heisst einen ritter oder reichen edel man ynn einem iar gefressen, Hat er zehen tausent, so nimpt er iherlich viertausent, das heisst einen reichen grauen ynn einem iar gefressen Hat er hundert taüsent, wie es sein mus bey den grossen hendelern so nimpt er iherlich .40. tausent. das heisst einen grossen reichen fursten ynn einem iar gefressen. Hat er zehen hundert tausent so nimpt er iherlich 4 hundert tausent, das heisst einen grossen konig ynn einem iar gefressen, vnd leidet daruber keine fahr, weder am leib noch an wahr erbeit nichts, sitzt hinder dem ofen vnd bret epffel Also mocht ein stulreuber sitzen zu haüse vnd eine gantze welt ynn zehen iaren fressen.« (WA 51: 364f.)

Wieder kennt Luther eine Ausnahme, die für ihn typisch ist. Wenn nämlich Alte, Witwen oder Waisen, die sonst keine Überlebensmöglichkeiten hätten und betteln müssten, ihre Ersparnisse zu geringen Zinsen ausliehen, um davon ihren Lebensunterhalt zu zahlen, sollten die Juristen einen Weg finden, das als Ausnahme gelten zu lassen, ohne aber das Zinsverbot dadurch generell zu Fall zu bringen. »Aber wie wenn der Fall furkeme, das ettwa allte leute arme Wittwen oder waisen oder sonst durfftige personen, die bis daher kein andere narung gelernt, hetten ym handel ein tausent fl oder zwey, vnd nemen von denselben fünff oder sechs auffs hundert, Vnd solten sie davon lassen, so hetten sie sonst nichts vnd musten die hand am bettelstab wermen oder hungers sterben Hie wolt ich wol gern das die Juristen eine linderung des scharffen rechten setzten.« (ebd.: 371f.)

Wie stellt sich Luther die Alternative in der Praxis vor? Was schlägt er vor, um mit dem immer stärker werdenden Kaufmanns- und Wucherkapitalismus fertig zu werden?

Luthers Vorschläge zum Umgang mit dem Frühkapitalismus

Als erstes fragt Luther, was denn *Christen und Christinnen*, selbst wenn und gerade wenn andere als Kaufleute und Wucherer die Gesellschaft zerstören, im Sinn der Bibel tun können und sollen. Wir haben schon seinen Rat an die Kaufleute gehört, ihre aufgewandte Zeit als Berechnungsgrundlage zu nehmen und mit dem Lohn eines Tagelöhners zu multiplizieren, um den eigenen Lohn zu ermitteln und angemessen mit seiner Familie leben zu können. Im Blick auf den Umgang mit Geld nennt Luther *drei legitime wirtschaftliche Verhaltensweisen der Christen* (nach der Bergpredigt): sich nehmen lassen, geben und frei – ohne Aufschlag – zu leihen. »Hierin kan kein ander mas gesetzt werden denn des nehesten notturfft vnd die Christliche liebe so Gott gebotten hat dem nehesten zu erzeigen.« (WA 6: 36ff.) Das heißt, Luther erwartet von allen ChristInnen ein Verhalten entsprechend der Bergpredigt (vgl. Scharffenorth 1982). Am Anfang fasst er das so zusammen und führt es dann breit aus, was Jesus selbst gelebt hat und von denen erwartet, die ihm nachfolgen: »also heisst sein Recht, vnd also leret er seine Christen, das sie mit zeitlichem gut dreyerley weise vmbgehen sollen Dauon wir offt gesagt Vnd Matth. 5. Luce. 6. klerlich stehet *Erstlich* das sie sollen gerne geben ... ›*Du solt yderman geben der dich bittet*‹ Wer aber gibt, der wuchert freylich nicht, Denn er gibts vmbsonst vnd begerd nichts dafür, Darumb kan bey den Christen kein wucher sein *Zum andern*, Sollen sie gerne leyhen oder yhn lassen abborgen, Dauon sagt Christus Luce . 6. ... ›*Jhr solt leyhen vnd nichts davon hoffen oder gewarten*‹, Wer also leyhet, der wird freylich auch nicht wuchern *Zum dritten*, sol ein Christ yhm lassen nemen, auch den mantel zum Rock, dauon Matthei. 5. Darin er begreifft leiden allerley vnrecht vnd gewalt, wie er selber sich deutet vnd daselbs spricht, ›*Wer dich zwinget eine meyle wegs, mit dem gehe zwo, Thut wol denen so euch verfolgen vnd hassen*‹, Wer nu solchs hellt vnd thut, wie kan der wuchern?« (WA 51: 377f.)

Luther weiß, dass nur wenige Jesus so nachfolgen. Darum muss es Gesetze, Recht und politische Institutionen geben, die zum Schutz der Schwächeren und für das Gemeinwohl aktiv werden. »Hab ichs doch gesagt, das Christen seltzame leutte sind auff erden. Darumb ist ynn der wellt nott eyn strenge hart weltlich regiment, das die boesen zwinge und dringe, nicht zu nemen noch zu rauben, und widder zu geben was sie borgen (obs gleich eyn christen nicht sol widder foddern noch hoffen), Auff das die wellt nicht wueste werde, fride untergehe, und der leute handel und gemeynschafft gar zu nicht werde... Darumb mus man strassen reyn hallten, fride ynn stedten schaffen und recht ynn landen handhaben und das schwerd frisch und getrost hawen lassen auff die ubertretter, wie S. Paulus Ro. 13. leret.« (Ebd.: 302)

Die Rolle der Obrigkeit bei der Überwindung und Bändigung der neuen zerstörerischen kapitalistischen Formen des Handels und des Geldes ist für Luther zentral. Sein Verständnis dieser Frage stellt er gleich an den Anfang seiner Schrift *Von Kaufshandlung und Wucher*: »Wyr wollen hie von misbrauch und sunden des kauffhandels reden, so viel es das gewissen betrifft. Wie es des beuttels schaden trifft, lassen wyr fursten und herrn fur sorgen, das sie yhr pflicht daran ausrichten.« (WA 15: 294) Auch in der Spätschrift gegen den Wucher findet sich die generelle Aussage: »Also ists mit dem wucher auch, Wehren kan man nicht so gar rein, das kein wucher sey, aber wenn er geschicht oder zu seer wechst vnd vberhand nimpt das er zuletzt auch frey eine tugend sein wil, da kan vnd mus man wol steuren vnd wehren, gleich wie auch Mord vnd ehebruch geschehen, man verbiete wie man wil, Aber wenn es geschehen ist oder mit gewalt wil einreissen, so zwingt die not, das man mus steuren vnd wehren mit gewalt.« (WA 51: 355) Die Pflicht der Obrigkeit ist es, für das Gemeinwohl zu sorgen durch Recht und Gesetz und deren Durchsetzung. Im Einzelnen kommt das an folgenden Stellen besonders zum Tragen:

- Regulierung der *Preisbildung durch Regierungskommissionen.* Es »were das die beste und sicherste weyse, das wellltliche oberkeyt hie vernunfftige redliche leutte setzte und verordenete, die allerley wahr uberschlugen mit yhrer koste und setzten darnach das mas und zill, was sie gellten sollt, das der kauffman kund zukomen und seyne zymliche narung davon haben, wie man an ettlichen ortten weyn, fissch, brod und des gleychen setzt« (WA 15: 296).

- *Abwehr von Monopolbildung*: »Viel grewlicher ist das, das man darauff eyn gut alleyne auffkeufft, wilchs auch die Keyserlichen und welltlichen rechte verbieten, und heyssens Monopolia, das sind Eygennuetzige keuffe, die ynn landen und stedten gar nicht zu leyden sind, Und Fuersten und Herrn sollten solchs weren und straffen, wenn sie yhr ampt wollten volfuren. Denn solche kauffleutt thun gerade, alls weren die Creaturen und gueter Gottes alleyne fur sie geschaffen und geben, und alls moechten sie die selben den andern nemen und setzen nach yhrem mutwillen.« (ebd.: 305)
- *Abwehr von Kartellbildung*: »Recht thet hie welltliche oeberkeyt, das sie solchen nemen alles, was sie hetten, und trieben sie zum lande aus.« (ebd.: 307)
- *Sicherheit auf den Straßen* – wobei Luther pikanterweise die Raubritterüberfälle auf reisende Kaufleute interpretiert als »ein Räuber beraubt den anderen«: » Es ist der lands fuersten schuld, die yhre strassen sollten reyn hallten dem boesen eben so wol zu gut alls dem frummen. Und den Fuersten gepuert, solche unrechte kauffshendel mit ordenlicher gewalt zu straffen und zu weren, das yhr unterthanen nicht so schendlich von den kauffleutten geschunden worden. Weyl sie das nicht thun, so braucht Gott der Reutter und Reuber und strafft durch sie das unrecht an den Kauffleuten, und mussen seyne Teuffel seyn, gleich wie er Egypten land und alle wellt mit Teuffeln plagt odder mit feynden verderbet. Also steupt er eynen buben mit dem andern, On das er da durch zuverstehen gibt, das die reutter geringer reuber sind denn die kauffleut, Syntemal die kauffleut teglich die gantze wellt rauben, wo eyn reutter ym jar eyn mal odder zwey eynen odder zween beraubt.« (ebd.: 311)
- *Abschaffung der länderübergreifenden Bank- und Handelsgesellschaften* – was die Regierungen nicht tun, weil sie bereits selbst korrumpiert und Teil des Systems sind: »Wie sollt das ymmer muegen Goettlich und recht zugehen, das eyn man ynn so kuertzer zeyt so reych werde, das er Konige und Keyser auskeuffen mochte? Aber weyl sie [die Bank- und Handelsgesellschaften] es dahyn bracht haben, das alle wellt ynn fahr

und verlust mus handeln, Heur gewynnen, uber eyn jar verlieren, Aber sie ymer und ewiglich gewynnen und yhre verlust mit ersteygertem gewynn buessen konnen: ists nicht wunder, das sie bald aller welt gut zu sich reyssen. Denn eyn ewiger gewisser pfennig ist ja besser denn eyn zeytlicher ungewisser gulde. Nu kauffschlagen yhe solche geselschafften mit eyttel ewigen gewissen gulden umb unsere zeytliche ungewisse pfennige. Und solt noch wunder seyn, das sie zu Konige und wyr zu Bettler werden? *Konige und Fuersten sollten hie dreyn sehen und nach gestrengem recht solchs weren. Aber ich hoere, sie haben kopff und teyl dran*, Und geht nach [Jes 1, 23] dem spruch Esaie. 1. ›Deyne Fuersten sind der diebe gesellen worden‹. Die weyl lassen sie diebe hengen, die eyn gulden odder halben gestolen haben, und hantieren mit denen, die alle wellt berauben, und stelen serer denn alle ander, Das ja das sprichwort war bleybe ›Grosse diebe hengen die kleynen diebe‹, Und wie der Roemische Radherr Cato sprach ›Schlechte diebe ligen ynn thormen und stocken, Aber offentliche diebe gehen ynn gold und seyden‹. Was wird [Ez 22, 20] aber zu letzt Gott dazu sagen? Er wird thun, wie er durch Ezechiel spricht, Fuersten und Kauffleut, eynen dieb mit dem andern, ynneynander schmeltzen wie bley und ertz, gleich als wenn eyne stad aus brennet, das widder Fuersten noch kauffleut mehr seyen, alls ich besorge, das schon fur der thuer sey. Wyr gedencken uns doch nicht zu bessern, wie gros auch die sund und unrecht sey. So kan er auch unrecht ungestrafft nicht lassen.« (ebd.: 312f.)

- *Die konsequente Verhinderung des Wuchers*, einschließlich des »Zins/Rentenkaufs« verbindet Luther interessanterweise mit der Empfehlung, hier das biblische Modell des Erlassjahrs (Jubeljahr, Halljahr, 3. Mose 25) aufzugreifen. Denn das würde periodisch die Fehlentwicklungen, die aus der Geldwirtschaft entstanden sind, wieder korrigieren, indem alle wieder das Produktionsmittel, damals das Land, inzwischen auch Räumlichkeiten für das Handwerk, für die Selbstversorgung zur Verfügung hätten: »Darumb ists keyn wunder, das ynn diesen kurtzen jaren, so lange dieser zinskauff ym brauch gewest ist, nemlich bey hundert jaren, alle Fuerstenthum und

Land verarmet und versetzt und verdorben sind. Were aber der kauff odder zinse nicht auff getreyde gestifft [also auf landwirtschaftlich genutztes Land], sondern auff heuser odder raum, da man mit der hand wirbt und gewynnet [also das Produktionsmittel für das Handwerk], kund man abermal nach dem gesetz Mosi (3. Mose 25, 10) solchen kauff meystern, Das man das hall jar ynn solchen sachen hielte und nichts ewiglich verkeuffte. Denn ich achte, weyl dieser handel so unordig gehet, kund man keyn besser exempel und gesetze nemen denn Gottis gesetze, damit er seyn volck versehen und regirt hat. Er ist ja wol so weyse, als menschen vernunfft seyn kan, und durfften uns nicht schemen, ob man der Jueden gesetz hierynn hielte und folgete, weyl es nutzlich und gut ist. Hierynnen sollten nu Keyser, Koenige, Fuersten und Herrn wachen und yhr land und leutte ansehen, das sie hulffen und rieten von dem grewlichen schlund des wuchers, so hetten sie es auch deste besser. Das sollten die Reychstage handelln als der aller nottigesten sachen eyne. So lassen sie solchs ligen und dienen die weyl des Bapsts Tyranney, land und leut yhe lenger yhe mehr zu beschweren, bis das sie mal auch zuscheytern gehen mussen, das sie das land nymer ertragen, sondern ausspeyen musse.« (ebd.: 322)

Sehr interessant ist, dass Luther für die Intervention der Obrigkeit in den Markt *Beispiele aus der alten Geschichte* beibringt (WA 51: 357ff.). Er verweist auf Solons Abschaffung der Schuldsklaverei Anfang des 6. Jahrhunderts v.u.Z. und besonders auf die Schuldenerlasse, die der persische Statthalter Nehemia in Juda erreichen konnte, worauf im nächsten Kapital zurückzukommen ist.

Angesichts der systemischen Korruption der politisch Herrschenden seiner Zeit zieht Luther aber die interessante Konsequenz, dass gerade wegen des Versagens der Obrigkeit die Aufgabe der Prediger des Evangeliums umso nötiger und kritischer ist. Generell sagt er in einer Predigt zu dem Text, in dem Jesus den römischen Statthalter zur Rede stellt: »Und damit hat Christus angezeiget und uns eine Lere gegeben, das man den grossen Hansen und junckern die Warheit nicht schweigen solle, sondern sie vermanen und straffen (kritisieren) jeres unrechts halben ... Denn es ist ein grosser unterschied zwischen diesen zweien, Unrecht und gewalt leiden und dazu stille schweigen. Leiden soll man unrecht und gewalt, aber still schweigen sol man nicht. Denn ein Christen sol der Warheit Zeugnis geben und umb der Warheit willen sterben. So wir nu umb der Warheit und umbs Rechts willen sterben sollen, Müssen wir die Warheit und das Recht frey offentlich bekennen... Denn Fürsten und grosse Hansen können wohl leiden, das man die gantze welt straffe, wenn nur sie ungestraffet bleiben. Aber doch mus man sie auch straffen, und wer im (Predigt-)Ampt ist, ist schuldig jenen zu sagen, wo sie unrecht thun und verkeret handeln, ob sie schon furgeben, wenn man grosse Hanssen straffe, das gereiche zur Auffrhur.« (WA 28: 360-63)

Einen deutlicheren Text kann man wohl kaum finden, um nachzuweisen, dass es nicht Luther ist, der den *Untertanengehorsam* erfunden hat, sondern die »Lutheraner«, die nach ihm kamen. Die Kritik an den Mächtigen gehört zentral zu Luthers Verständnis von den *zwei antithetischen »Reichen«*, dem Reich Gottes und dem Reich Satans, d.h. des lebensfeindlichen Bösen, und den gegen letzteres kämpfenden *zwei komplementären Regierungsweisen (»Regimenten«)* Gottes (ausführlich zur bis heute oft missverstandenen »Zweireichelehre«: Duchrow 1983 und 2017).

In unserer Sprache und bezogen auf unsere Fragestellung heißt das in knappster Zusammenfassung Folgendes: Wir erfahren täglich, dass das Leben durch lebensfeindliche Kräfte bedroht wird, zentral vom »Gegengott« Mammon und seinen Auswirkungen. Deren Überwindung kann nur mehrdimensional erfolgen. Idealerweise werden Menschen durch Überwindung ihrer eigenen Selbstbezogenheit mit einem Geist beseelt, der spontan gerecht und friedfertig handelt. Dies geschieht nach Luther mit dem Empfang des Geistes Jesu Christi durch Predigt und Sakrament. So nimmt einerseits Gottes Handeln (Regiment zur Rechten) die Kirche in Dienst zur geistlichen Überwindung der widergöttlichen Macht des Mammon im Denken und im Herzen für Gerechtigkeit und Frieden. Dies geschieht allein durch Wort und gutes Beispiel, nicht durch Gewalt (*non vi, sed verbo*). Weil aber nicht alle Menschen sich innerlich durch einen neuen Geist umschaffen lassen, gibt es Rechtsordnungen und Regierungen, die verpflichtet sind, diese durchzusetzen – notfalls mit Gewalt. Weil dies besonders den schwächeren Menschen und der Gemeinschaft als ganzer zum Überleben in Würde nützt, interpretiert Luther diese politischen Institutionen als Werkzeug Gottes (Regiment zur Linken) zur äußeren Herstellung von (relativer) Gerechtigkeit und Frieden. Wenn Regierungen aber diese ihre Aufgabe nicht erfüllen, müssen sie von den Mitgliedern der Gesellschaft, insbesondere von ChristInnen und kirchlichen Ämtern, kritisiert und zur Rechenschaft gezogen werden.

So ist auch verständlich, dass Luther angesichts des Versagens der Obrigkeit in Sachen Kaufmanns- und Wucherkapital die *Pfarrer* aufruft, *schärfstens mit ihren Mitteln gegen den Wucher* vorzugehen. Das bezieht auch die »Schulmeister« ein, wie aus einem Text deutlich wird, den ich ausführlich zitiere, weil Karl Marx darüber so begeistert war, wie wir später sehen werden. »Weil aber hierin Welltliche herrschafft lass vnd faul ist, oder eines teils zu schwach, solchem iamer zu wehren, sollen die pfarrher das volck leren vnd gewehnen, das sie die wucherer vnd geitz wenste, ansehen als leibhafftige teuffel, vnd sich fur yhnen segenen, wo man sie horet oder sihet vnd dencken lernen, das Turcke, Tatter vnd heiden eitel engel sind gegen einem wucherer, Desselben gleichen sollen die Schulmeister, die knaben vnd iugent leren vnd gewehnen, das sie erschrecken vnd pfu dich sagen für dem namen Wucherer, als fur dem ergesten Teuffel, Dazu sie seer viel schoner fabel haben, darin die Heiden haben vber den geitz vnd Wucher geklagt, als das Cerberus der helle hund drey meuler hat, die nicht zu settigen sind, vnd was sie von des *Herculis* grossen thatten schreiben, wie er so viel monstra vngehewre grewel zwinget land vnd leute zu retten Denn Wuchern ist ein gros vngehewr monstrum, wie ein Beer wolff der alles wüstet mehr denn kein *Cacus Gerion* odder *Anteus* &c. vnd schmuckt sich doch vnd wil from sein, das man nicht sehen sol wo die ochsen (so er rücklings ynn sein loch zeucht) hin komen, Aber Hercules sol der ochsen vnd der gefangnen geschrey horen (welchs geschrey itzt alle fursten vnd herrn kleglich anrufft) vnd den Cacum suchen, auch ynn klippen vnd felsen die ochsen wider loesen von dem bosewicht, Denn Cacus heisst ein bosewicht, der ein fromer wuchrerer ist, stielet, raubet, frisst, alles, vnd wils doch nit gethan haben, vnd sol yhn niemand finden, weil die ochsen rucklings ynn sein loch gezogen schein vnd fustappen geben als seyen sie heraus gelassen. *Also wil der wucherer auch die welt essen, als nutze er vnd gebe der welt ochsen, so er sie doch zu sich allein reisst vnd frisst,* &c.« (WA 51: 398ff.)

Was Marx so erfreute, war das Bild der Ochsen, die den Eindruck erwecken sollen, sie kämen aus dem Loch auf den Betrachter zu, während sie doch Cacus von hinten in ein Loch zurückzieht. Genauso – sagen Luther und Marx – ist der Wucherer, das Kapital. Es erweckt den Eindruck, als generiere es Wert. In Wahrheit aber reißt es den (durch Arbeit geschaffenen Mehr-) Wert in sich hinein.

Dagegen also muss der Pfarrer vorgehen, aber nicht nur mit der Predigt gegen den Wucher, sondern auch mit *Kirchenzucht.* Sie sollen Wucherer, die trotz Ermahnung weiterhin Zinsen nehmen, vom Abendmahl (Kommunion) ausschließen. Wenn auch das nicht hilft, sollen die Pfarrer die Wucherer nicht beerdigen. »*Erstlich* das wir den wucher auff der Cantzel getrost *schelten* vnd verdammen, den text, wie droben gesagt, vleissig vnd durre sagen, nemlich Wer ettwas leyhet vnd druber oder bessers nimpt, der ist ein wucherer vnd verdampt, als ein dieb, reuber vnd morder, vt supra, *Darnach* wenn du einen solchen gewis weissest vnd kennest das du yhm *nicht reichest das Sacrament noch die absolutio*, so lange er nicht busset, ... *Zum dritten* das du yhn ym sterben lassest ligen wie einen heiden vnd *nicht vnter andern Christen begrabest* noch mit zum grabe gehest, Wo er nicht zuuor gebusset hat Thust es aber, so machstu dich seiner sunde teilhafftig wie droben gesagt ist. Denn weil er ein Wucherer vnd abgotter ist, der dem Mammon dienet, so ist er vngleubig, vnd kan die vergebung der sunden, die gnade Christi vnd gemeinschafft der heiligen nicht haben noch derselben fehig sein, Sondern hat sich selbs verdampt abgesondert vnd verbannet, so lange er sich nicht erkennet vnd busse thut.« (ebd.: 367f.) Dahinter steht auch die Vorstellung, dass die Gemeinschaft Jesu Christi ein Geben und Nehmen der Glieder untereinander ist. Wer daran egozentrisch nicht teilnimmt, schließt sich selbst aus. Das entfaltet er in der

Schrift »*Ein Sermon von dem hochwürdigen Sakrament des heiligen wahren Leichnams Christi und von den Bruderschaften*« (WA 2: 742-758; dazu siehe auch Duchrow 2015: 156ff.).

So ernst nimmt Luther also das *Kirchesein im Blick auf Wirtschaft!* Das Christsein und das Kirchesein steht auf dem Spiel, wenn Mammon bei ihnen notorisch regiert. Ich erinnere an den Text, in dem gezeigt wird, dass der Wucherer als Mammonsdiener die Rolle Gottes übernehmen will. Luther versteht die Gemeinschaft der *Kirche als Kontrastgesellschaft* zur kapitalistischen Ordnung. Das kommt auch zum Ausdruck darin, dass er sie auffordert, sich nicht nur im Wort, sondern im eigenen (institutionellen) Finanzgebaren von den Kapitalgesellschaften und ihren Praktiken zu distanzieren, um den weltlichen Ständen ein »gut Exempel«, ein gutes Beispiel zu geben. Die Kirche soll den Namen Kirche ablegen, wenn sie wie alle anderen Zins nimmt. »Hie faren sie dan aber daher und sagen ›die kirchen und geystlichen thun das (Zins nehmen) und habens macht, die weyll solchs gelt zu gottis dienst gelangt‹ ... Thu den namen der Kirchen ab und sprich, es thu der wuchersuchtige geytz odder der faulentzer alter Adam, der nit gerne arbeytt, umb seyn brott zu erwerben, das er seynem mussig gang unter der kirchen namen eynen deckell mache... Dan *sie sollen leuchten und gutt exempell geben den weltlichen.*« (WA 6: 59)

Wir werden später zu überlegen haben, was das für heute bedeuten könnte, »den weltlichen Ständen« ein gutes Exempel zu geben. Jedenfalls kann man Folgendes zusammenfassend über Luthers Beitrag zur Überwindung des Kapitalismus sagen: Er versteht den Kapitalismus als ein Mammonsystem, sieht also dessen pseudoreligiösen und darum totalitären Charakter. Deshalb sagt er ein klares, öffentliches Nein! Als Gegenkräfte sieht er einerseits den Staat, macht sich aber darüber keine Illusionen, da er die systemische Korruption der Regierenden sieht. Umso mehr ruft er die Kirche und ihre Mitarbeiter auf, öffentlich prinzipielle und konkrete Kritik zu üben, die eigenen kirchlichen Institutionen und Handlungsweisen von Geist, Logik und Praxis des Kapitalismus freizuhalten und aller Welt ein gutes Beispiel zu geben, dass eine andere Welt möglich ist.

Luthers Irrtümer und die radikale Reformation

In einem der Zitate gegen den Wucher hatte ich einen Satzteil weggelassen: »rechter Judischer teglicher wucher«. Denn diesen Punkt kann man nicht im Vorbeigehen behandeln. Es ist bekannt, dass es eine besondere Dimension des notorischen Antijudaismus im nachkonstantinischen Christentum war, den Juden die Geldgeschäfte zuzuschieben und sie aus anderen Berufen auszuschließen. Der Hintergrund ist das Missverständnis eines biblischen Textes, nämlich Deut/5. Mose 23, 20f., wo es heißt: »Nimm keine Zinsen von deinen Geschwistern, weder Zinsen vom Geld, noch vom Brot, noch von irgendetwas, wovon man Zinsen nehmen kann. Von den Ausländerinnen und Ausländern kannst du Zinsen nehmen, nicht aber von deinen Geschwistern.«

Es gibt zwei Begriffe für Ausländer im Hebräischen, einmal für Menschen, die in anderen Ländern wohnen, zum anderen für MigrantInnen aus anderen Ländern, die in Israel/Juda leben. Die Zinserlaubnis bezieht sich auf erstere, meint also schlicht den Außenhandel.

Das ist auch sehr plausibel. Jeder kann einsehen, dass die solidarische Regelung des Zinsverbots, die Verarmung im eigenen Land verhindern soll, im Außenhandel für judäische Geschäftspartner sehr ungünstig gewesen wäre. Sie hätten selbst Zinsen zahlen müssen, aber keine nehmen dürfen. Im Mittelalter wurde es aber so verstanden, dass Juden gegenüber Christen Zinsen nehmen dürfen, obwohl sie in der gleichen Kommune oder Stadt lebten. Das hat sie natürlich verhasst gemacht, obwohl sie in diese Rolle von der Gesellschaft hineingedrängt wurden. Seither muss jeder, der den Kapitalismus kritisiert, klarstellen, dass er dem keine antisemitische Spitze gibt.

Aber diese Zuschreibung des Wuchers auf Juden wäre noch das, was Luther am ehesten verziehen werden könnte, weil es leider allgemein üblich war. Nicht zu verzeihen ist allerdings sein umfassender Angriff auf Juden in der Schrift »*Von den Juden und ihren Lügen* (1543, WA 53: 417ff.). Was er hier schreibt, ist nicht einfach nur ein Irrtum, sondern der Aufruf zu Verbrechen gegen die Menschlichkeit, angefangen vom Verbrennen ihrer Synagogen. Hitler und seine Verbrecher, inklusive deutsche Christen, haben sich ausdrücklich auf Luther berufen. Diese Schrift müssen lutherische Kirchen formell bekenntnismäßig verwerfen.[15]

Inzwischen gibt es aber das zusätzliche Problem, dass die Buße für Luthers Sünden umgeschlagen ist in ein Schweigen gegenüber den Völker- und Menschenrechtsverletzungen des Staates Israel gegenüber den PalästinenserInnen. Darüber läuft gerade eine heftige Diskussion, die hier nicht ausgebreitet werden kann (siehe www.radicalizing-reformation.com/index.php/de/3-internationale-abschlusskonferenz/166-erklaerung.html, Sektion III und Duchrow/Ulrich 2017).

Ein tragischer Irrtum ist hingegen *Luthers Verhalten im Bauernkrieg,* das nicht nur Engels heftig gegen Luther ins Feld geführt hat.[16] Wie wir gesehen haben, ist seine Zeit geprägt durch den Übergang vom Feudalismus zur wiedererstarkenden Geldwirtschaft des Frühkapitalismus. Das lässt sich sehr schön an den *12 Artikeln der oberschwäbischen Bauern von 1525* sehen (stadtarchiv.memmingen.de/918.html). Sie wenden sich gegen die Leibeigenschaft und die Frondienste des Feudalismus ebenso wie gegen die Privatisierung des Gemeindelandes, der Allmende. In dem oben wiedergegebenen Zitat zum »fressenden Wucherkapital« nennt auch Luther ausdrücklich die *Bauern als Opfer des um sich greifenden Kapitalismus.* Das Aufgefressenwerden ist wörtlich zu verstehen als Bedrohung des Lebens. Genau dies ist ja Kern der Fehlentwicklung der Geldwirtschaft, dass Geld nicht als nützliches Mittel genutzt wird, sondern als Ziel ständige Akkumulation beansprucht, wobei das »eingewachsene« »Mehr« des Kapitals aus den arbeitenden Menschen herausgesogen wird. Ich erinnere an Luthers Hinweis darauf, dass ein Wucherer ein Mörder ist.

[15] In dem Projekt »Die Reformation radikalisieren« haben wir dies mit mehreren Artikeln in Band 4 der Reihe getan: Duchrow/Nessan 2015.

[16] Eine gute Analyse und Richtigstellung der Fehler in Engels' Kritik an Luthers Haltung im Bauernkrieg – ohne die damals übliche brutale Ausdrucksweise Luthers in seiner zweiten Schrift zu rechtfertigen – bietet Dieckmann 2016: 11ff.

Warum aber lässt Luther dann die Bauern im Bauernkrieg fallen? Schauen wir zuerst auf seine Antwort auf die 12 Artikel unter dem Titel »*Ermahnung zum Frieden auf die zwölf Artikel der Bauerschaft in Schwaben*« (WA 18: 279ff.). Darin geht er zunächst mit »Fürsten und Herren« streng ins Gericht. Sie haben sich den Aufruhr unter den Bauern selbst zuzuschreiben, ja, es ist Gottes Zorn, der sie hier trifft. Auch unterstützt er die Forderungen der Bauern mit den Worten: »Sie haben zwoelff artickel gestellet, unter wilchen etliche so billich und recht sind, das sie euch fur Gott und der wellt den glimpff nemen und den [Ps 107, 40] Psalmen war machen, das sie verachtunge schuetten ueber die Fuersten.« (ebd.: 298)

Den ersten Artikel, die freie Pfarrerwahl, um das Evangelium zu hören, unterstützt Luther natürlich besonders. Dann fährt er aber fort: »Die *andern artickel*, so liebliche beschwerunge anzeigen, alls mit dem leibfall, auffsetze und dergleichen, sind ia auch billich und recht, Denn obirkeit nicht drumb eingesetzt ist, das sie yhren nutz und mutwillen an den unterthanen suche, sondern nutz und das beste verschaffe bey den unterthenigen. Nu ists ia nicht die lenge treglich, so zu schatzen und schinden. Was huelffs, wenn eyns bawren acker so viel guelden alls hallmen und koerner truege, so die oberkeit nur deste mehr neme und yhren pracht da mit ymer groesser machte und das gut so hyn schlaudert mit kleydern, fressen, sauffen, bawen und der gleichen, als were es sprew? *Man mueste ia den pracht einziben und das ausgeben stopffen, das ein arm man auch was behallten kuende.* Weiter unterricht habt yhr aus yhren zeddeln wol vernomen, da sie yhre beschwerunge gnugsam darbringen.« (ebd.: 299)

Kurz: er unterstützt die Forderungen gegenüber den Fürsten und Herren. Gegenüber den Bauern kritisiert er nun aber Folgendes:

- Man darf diese Forderungen nicht mit dem Namen Gottes und Christi verbinden.
- Insbesondere darf man unter dem Namen Christi keine Gewalt anwenden.
- Niemand darf in eigener Sache richten. Jeder muss den Rechtsweg einhalten.

- Wer sich nach Jesus nennt, muss das Recht bekennen, darf es aber nicht mit Gewalt durchsetzen wollen, sondern muss notfalls Unrecht leiden.
- Abschließend betont er nochmal: »*Nicht das ich damit die oberkeyt ynn yhrem untreglichem unrecht, so yhr leydet, rechtfertigen odder verteydigen woelle, Sie sind und thun grewlich unrecht, das bekenne ich*, Sondern das will ich: Wo yhr euch beydes teyls nicht woellet lassen weysen und, da Gott fur sey, aneynander setzet und treffet, das da auff keynem teyl Christen genennet werden sollen, sondern, wie sonst der wellt laufft nach, eyn volck mit dem andern streytet und, wie man spricht, Das Gott eynen buben mit dem andern straffet.« (ebd.: 315)

Erst nachdem die Bauern fortfahren zu brandschatzen und die adligen Herren zu ermorden, schreibt Luther dann die unselige Schrift *»Wider die räuberischen und mörderischen Rotten der Bauern«* (WA 18: 357ff.). Darin hält er *den Bauern* folgende Punkte vor:

- Sie sündigen gegen Gott und Menschen, weil sie den Treueeid gegenüber der von Gott eingesetzten *Obrigkeit* brechen (Röm 13).
- Sie tun »*auffrur* anrichten, rauben und plundern mit frevel kloster und schlosser«. Das heißt, jeder ist aufgerufen, sie totzuschlagen, weil sie die staatliche Ordnung als solche aufheben und damit Chaos, das Recht des Stärkeren und fürchterliches Blutvergießen anrichten.
- »Es hilfft auch die bawrn nicht, das sie furgeben, Gene[sis] 1. und .2 [1. Mose 1, 2] *seyen alle ding frey und gemeyne geschaffen, und das wyr alle gleych getaufft* sind. Denn ym newen Testament hellt und gillt Moses nicht, Sondern da steht unser meyster Christus und wirfft uns mit leyb und gut unter den Keyser [Lk 20. 25] und welltlich recht, da er spricht: ›Gebt dem Keyser, was des Keysers ist.‹« (WA 18: 358)[17]

[17] Hier liegt eine falsche, aber lange übliche Exegese vor, da der Text bedeutet: Gebt dem Kaiser zurück, was ihm gehört, denn auf der Münze, um die es geht, ist sein Bildnis ein Idol, weil es den Kaiser als Gott

- Gegenüber den *Obrigkeiten* will er die Gewissen unterweisen: Sie sind im Recht, wenn sie die aufständischen Bauern töten. Wenn sie aber christlich ist, soll sie vorsichtig vorgehen. Denn erstens soll sie Gottes strafende Hand in allem erkennen und zweitens den Bauern einen Vergleich anbieten, bevor sie zum Schwert greift – dann aber: »wer auff der oberkeyt seyten erschlagen wird, eyn rechter merterer fur Gott sey, so er mit solchem gewissen streyt«. Luther schließt seinen Aufruf mit dem Satz: »Dunckt das yemand zu hart, der dencke, das *untreglich ist auffruhr, und alle stuende der wellt verstoerung zu warten sey.*« (ebd.: 360f.)

Letzterer Satz lässt erkennen, warum Luthers unmöglicher Aufruf letztlich auf einem *tragischen Missverständnis* beruht. Hierzu muss man Folgendes wissen (zum Folgenden Scharffenorth 2013: 209ff.). Im Mittelalter galt das *Fehderecht.* Wenn jemand ein Unrecht beging, dann war es notwendig, dass er mit militärischer Gewalt bestraft und das Recht wiederhergestellt werden musste. Das ganze Mittelalter hindurch gab es eine Friedensbewegung, die dieses System überwinden wollte. Im Jahr 1495 gelang es nach Vorarbeiten des Juristen Schwarzenberg, eine *Reichsrechtsreform* durchzuführen, die darauf zielte, Streitigkeiten auf dem Rechtsweg zu lösen und Unrecht wiedergutzumachen. Luther nahm das theologisch auf und gab schon in seiner Auslegung des *Magnificat von 1521 einen Rechtsunterricht*, der darauf zielte, die neue Rechtsordnung als Friedensordnung theologisch zu untermauern. Als nun die Bauern ihr Recht forderten, unterstützte er sie. Als sie aber zu Gewalt griffen, sah er darin nicht nur eine Rechtsverletzung, sondern ein Aufheben der neuen staatlichen Rechtsordnung, also Aufruhr, der das Land in Chaos und Blutvergießen stürzen würde. Man kann sich das heute gut am *Beispiel der »failed states«*, der gescheiterten Staaten klarmachen, wo nach einer Zerstörung der staatlichen Institutionen warlords nach dem Recht der Stärkeren operieren. Das Tragische ist, dass es ja zu Luthers Zeit noch keine unabhängige Justiz gab, sondern die

---

darstellen soll. Der weitere Text sagt: Gebt ihr euch ganz Gott zurück, da ihr Gottes Bild seid.

Herren gleichzeitig Richter waren, so dass Luther faktisch durchaus zum Absolutismus beitrug.

Ein *weiteres Problem* spielte eine Rolle. Luther konnte sich in seiner ständischen Lebenswelt keine geordnete Alternative vorstellen. In der *Schweiz* war die Unabhängigkeit und die föderale, *genossenschaftliche Struktur* schon erprobt worden. Denn dort waren die Bauernaufstände erfolgreich gewesen, weil gegen sie noch keine Feuerwaffen eingesetzt werden konnten. So gab es reale Erfahrungen mit demokratisch föderalen Strukturen. Thomas *Müntzer* reiste eigens nach Oberdeutschland, um diese Tradition kennenzulernen. So war auch *Zwingli* in Zürich auf der Seite der Bauern, die die Leibeigenschaft aufheben konnten.

Die Bauern beriefen sich direkt auf die *Befreiung der hebräischen Sklaven aus der ägyptischen Sklaverei* (2. Mose 3). Das ist historisch durchaus plausibel. Denn damals – in einer Schwächezeit der Imperien und Stadtstaaten der Region um 1250 v.u.Z. – befreiten sich nicht nur Versklavte aus Ägypten, sondern diese verbündeten sich mit kanaanäischen Bauern, die das Joch der Abhängigkeit von den Stadtstaaten in Palästina abschüttelten. Beide zusammen schufen im Bergland des heutigen Palästina eine solidarische, alternative Dorfkultur ohne Städte. Man nennt das auch *Kontrastgesellschaft*. Sie bestand zwischen 1250 und 1000 v.u.Z. So haben die kämpfenden Bauern der Reformationszeit im Prinzip gegen Luther durchaus Recht, wenn sie sich auf die Bibel berufen.

Neuere Forschungen zeigen faszinierende Möglichkeiten, die Kompatibilität zwischen den Bauern und biblischen Quellen neu zu bestimmen. Einen besonders interessanten Versuch in dieser Richtung hat Dieter Fauth (1995: 225-48) unternommen. Er vergleicht die eidgenössischen, genossenschaftlichen, kommunalistischen Entwicklungen in der Schweiz und Oberdeutschland mit den sozialgeschichtlichen Erkenntnissen zur biblischen Geschichte. Da die Schweizer und Oberdeutschen diese Erfahrungen hatten, konnten sie kongenialer den biblischen Trend aufnehmen, die alternative Perspektive der freien Bauern gegen die Monarchie (vgl. 1 Sam 8) stark zu machen. Luther kannte aber nur Fürstentümer und Städte, hat daher diese biblische Vorliebe für Autonomie und Egalität übersehen und eher an die monarchischen, obrigkeitlichen Texte angeknüpft. Es ist deshalb auch zu verstehen, warum sozialistische staatstheoretische Konzepte eher an den Bauernkrieg und seine Protagonisten als an Luther angeknüpft haben.

Eines ist allerdings auch unter heutigen exegetischen Einsichten festzuhalten: Die Widerstandsauffassung der apokalyptischen Literatur, wie sie in den biblischen Kanon aufgenommen wurde, also vor allem das Buch Daniel, versteht das Einbrechen des Gottesreiches nicht so, dass die Menschen das erwartete Reich Gottes selbst mit dem Schwert herbeiführen können und sollen (Dan 7). Das ist vielmehr die Makkabäische Lösung, die nicht in den Kanon aufgenommen wurde.

Diese Frage war durchaus in der sogenannten *Radikalen Reformation* oder dem »Linken Flügel der Reformation« strittig. Hier geht es um die sogenannten *Täufer*. Sie werden so genannt, weil sie die Babytaufe mit biblischen Argumenten nicht anerkannten. Ihnen ging es darum, nicht nur als einzelne, sondern als Gemeinschaft der Glaubenden alternativ zu leben und so Jesus nachzufolgen. Das heißt, was Luther theoretisch auch wollte, machten sie zu ihrem gelebten ekklesiologischen Konzept. An ihrem Gemeinschaftsleben sollte ablesbar sein, dass sie zu Jesus gehörten, wie er das Leben der ihm Nachfolgenden in der Bergpredigt beschrieben hatte. Dabei ist festzustellen, dass die Erfahrungen mit Gewaltanwendungen im Bauernkrieg und in Münster dazu führten, dass insbesondere die Simon Menno folgenden Täufer, die Mennoniten, zentral auf den Weg der Gewaltfreiheit eingeschwenkt sind.

Luther hingegen gab die kirchliche Organisation an die Fürsten ab – zunächst als Notordnung angesichts der militärischen Bedrohung durch die Kaiserlichen gedacht, dann aber in den Lutherischen Kirchen bis auf Ausnahmen normal geworden. So verpasste Luther seine ursprünglichen Ansätze, die Kirche ganz von der Gemeinde her aufzubauen.

Damit hatten seine Forderungen, die Kirche solle gegenüber der Mammonkultur eine Kontrastgesellschaft sein, weniger Chancen der Verwirklichung in der Kirche, die seinen Namen trägt, als in den Nachfolgegemeinschaften der Täufer, deren schreckliche Verfolgung er sogar noch guthieß.

Trotzdem sollten Luthers aufs Schärfste zu verwerfende Ausfälle gegen die Juden und seine Begrenzungen im Blick auf die kirchliche Umsetzung seines theologischen Neuansatzes nicht daran hindern, seine radikale Kritik des Frühkapitalismus aufzugreifen und für die heute notwendige Kritik zu nutzen. Besonders wichtig ist, dass Luther über die früheren Reformbewegungen hinaus systemische Kritik am Kapitalismus übte. Deren Bedeutung wird noch klarer, wenn wir einen weiteren Reflexionsschritt vornehmen und die biblischen Texte selbst befragen, auf die er sich beruft. Seine Methode ist ja, alle kirchliche Tradition an der Schrift zu messen. Dann wird nicht nur deutlich werden, dass er mit seiner Kritik mehr im Recht war, als er selber ahnte. Vielmehr ist in jüngster Zeit deutlich geworden, dass alle Weltreligionen nach dem Eindringen des Geldes in das tägliche Leben im 8. Jahrhundert v.u.Z. eine kritische Auseinandersetzung mit der Geldvermehrungswirtschaft enthalten – was eine enorme Bedeutung für uns hat, die wir am Ende dieser zivilisatorischen Entwicklung stehen.

Kapitel 3
Die Anfänge der geldgetriebenen Zivilisa[illegible] und die Antwort der Weltreligionen

»Ihr könnt nicht Gott dienen und dem Mammon«
Jesus von Nazareth

Wie Geld in die Welt kam

Es kann nach neueren Forschungen als gesichert gelten, dass Geld ab dem 8. Jahrhundert v.u.Z. in das tägliche Leben eindrang. Ich beziehe mich hier vor allem auf die neuere Literatur zum Thema, insbesondere auf Rudolf Wolfgang Müller (1981), Richard Seaford (2004), Karl-Heinz Brodbeck (2012), David Graeber (2012) und Fabian Scheidler (2015). Anknüpfend an diese Arbeiten habe ich die Antworten der Religionen auf die Entstehung der Geldzivilisation in dem Buch »Gieriges Geld« (Duchrow 2013) untersucht.

Vor dem Ende des 8. Jahrhunderts v.u.Z. gab es in den Hochkulturen nur kollektive Identitäten, Handlungs- und Denkweisen – so auch bei der ersten Form von Geld als reine Berechnungseinheit in Tempeln und Schlössern in Mesopotamien (Graeber 2012: 39ff.). Diese Vorstellungswelt wird normalerweise an den homerischen Epen, vor allem der älteren Ilias demonstriert (Seaford 2004). Menschen handeln in einem von (göttlichen oder dämonischen) Mächten durchwirkten Kosmos nach Mustern und Riten, ihr Schicksal vollendend. Die Gesellschaft ist hierarchisch geschichtet, aristokratische Gestalten bestimmen das Narrativ. Wirtschaftlich geht es zentral um Gebrauchsgüter, die in Gemeinschaften produziert, verteilt und konsumiert werden. Handel gibt es nur als Fernhandel für Luxusgüter. Es wird nicht für den Markt produziert.

Wie kam es zu der epochalen Änderung, dass ab dem Ende des 8. Jahrhunderts, im 7. Jahrhundert und dann mit immer größerer Dynamik im 6. Jahrhundert Geld, Markt und Lohnarbeit in einer frühen Form entstanden? Die traditionelle Antwort seit

Adam Smith ist, dass der Tauschhandel der Humus für diese Entwicklung war. Das aber ist historisch nicht zu belegen. Richard Seaford (ebd.: 88ff.) hat die Entwicklung im antiken Griechenland minutiös aufgearbeitet. Als Voraussetzung für Geld als allgemein akzeptiertem Zahlungsmittel sieht er – noch vor der Einführung von Münzen – das, was er die »Monetarisierung des Kults« nennt. Wurden ursprünglich Naturalien als Opfergaben zum Tempel gebracht, so nahmen diese Opfer zunehmend die Gestalt von dauerhaften Gütern und Silber an. Eine Übergangsform davon lesen wir im Deuteronomium (5. Mose 14, 24ff.), wo geraten wird, das Vieh zum Opfern am Wohnort in Silber umzutauschen und dieses wiederum am Tempel zu tauschen für ein Opfertier und die gemeinsame Mahlzeit. Es spielen aber auch die Opfermahlzeiten eine große Rolle, die das zum Tempel Gebrachte in Form von Fleischrationen egalitär an alle Mitglieder der Gemeinschaft verteilen. Entsprechend haben sich auch die Bezeichnungen von Opfergeräten wie Kessel und Spieß als Namen für spätere Münzen gehalten – wie z.B. Obol (unser Wort Obulus).

Ein weiteres Zeichen, dass beim Geld immer auch die Gemeinschaft eine grundlegende Funktion hat, zeigt sich in der Gesetzgebung des Staatsmanns und Lyrikers Solon von Athen (ca. 640-560 v.u.Z., in Gesetzen um wahrscheinlich 593) (Seaford 2004: 90ff.). Das heißt, hier wird der Staat direkt sichtbar und nicht indirekt über den Kult. Hier finden wir sogar vor der Zeit der ersten Münzen unzweideutige Zeugnisse für Geld. Solon legt Preise für den Opferkalender fest. Aber auch Gebühren und Strafen erhalten einen Preis. Reichtum wird in Edelmetall gemessen, so dass man vermuten kann, dass sich in dieser Zeit Silber als generelles Wertmaß und allgemeines Zahlungsmittel durchsetzt. Was die soziale Seite der entstehenden Geldwirtschaft anbelangt, ragt Solon im griechischen Kontext ebenfalls heraus: Er ist derjenige, der die Schuldsklaverei in Athen abschafft. Das heißt, schon in dieser ersten Zeit spielt die Polis, die damalige Form von Staat, eine zentrale Rolle im Zusammenhang des Geldes. Man könnte diese Beobachtung auch im Blick auf die entstehende Lohnarbeit im Handwerk im Zusammenhang öffentlicher Bauten ergänzen. Diese weitet sich aus zur *Produktion von Waren für den Markt*, das sind insbesondere in Töpferwerkstätten hergestellte Vasen, weiter Stoffe und Gewänder, Wachs, Wolle, Häute, Metalle und Waffen (vgl. Müller 1981: 328).

Der zentrale Motor für diese Entwicklung ist aber ein anderer: die Professionalisierung des Militärs in den Ländern vom Mittelmeer bis nach China, also in ganz Eurasien. Die erste entscheidende und vorantreibende Form von Lohnarbeit ist das Söldnerwesen – das Töten. Diese Zeit erlebte eine nie dagewesene Steigerung militärischer Gewalt. Das hängt einerseits damit zusammen, dass im Rahmen der sich entwickelnden Eisenzeit gefährlichere Waffen eingesetzt wurden. Das neuassyrische Reich, »dessen Rüstungsproduktion sich der reichen Eisenvorkommen der Region bediente, brachte den bis dahin aggressivsten Militärstaat der Geschichte hervor« (Scheidler 2015: 35; S. 33-49 sind die bisherigen Forschungen zum Zusammenhang von Metallurgie, Krieg und Markt anschaulich zusammengefasst). Wir kennen diese Zeit aus dem Buch des Propheten Amos und der Geschichte des Untergangs des Nordreichs Israel im Jahr 722 v.u.Z. In China fällt in diese Periode der Zhou-Dynastie (1046-256 v.u.Z.) u.a. die »Zeit der streitenden Reiche«. Der Höhepunkt dieser Entwicklung im Westen ist das Römische Reich. »Die geradezu industrielle Massenfertigung von Stahl stellte die Rüstungen, Speere und Schwerter für die bis zu 600.000 Soldaten bereit, mit denen Rom von der Sahara bis zur Nordsee, vom Atlantik bis zum Persischen Golf Krieg führte.« (ebd.) Uns können hier weder die zivilen noch die Umweltopfer dieser Entwicklung der direkten, physischen Gewalt beschäftigen. Uns interessiert der Zusammenhang mit der strukturellen Gewalt, der vom Geld getriebenen Wirtschaft.

Die erste Form des Soldatenlohns ist die geraubte Beute. Dazu gehörten Edelmetalle, die auch leicht transportabel sind. Sie zirkulierten wohl zunächst einfach in kleinen Stücken. Handel und Piraterie entwickeln sich parallel. So kommt es, dass sich bei den Waren – neben dem Gebrauchswert – der Tauschwert als allgemeines Äquivalent zwischen den verschiedenen Waren entwickelt und damit das Geld. Die Versorgung der Söldner mit Proviant und täglichem Bedarf konnte nur über einen entstehenden Markt organisiert werden.

Ein weiterer rasanter Schub in dieser Entwicklung geschieht um etwa 600 v.u.Z. in Lydien. Bis zu diesem Zeitpunkt waren schon vereinzelt von den politischen Institutionen Metallbarren gestempelt und Gewichte für das Edelmetall genormt worden. Aber nun begann man in Lydien, Münzen zu prägen aus Elektron, einer Mischung aus Gold und Silber. Hier liegt der Ursprung für den Mythos des lydischen Königs Midas, der sich gewünscht hatte, dass alles, was er berührt, sich in Gold verwandeln möge, und der so verhungern musste. Über den Grund für das Entstehen der Münzen gibt es verschiedene Theorien, die hier nicht entfaltet werden können (vgl. ausführlich Seaford: 2004: 102ff.). Zentral ist die Einsicht, dass über die Söldner, die mit ihnen bezahlt wurden, die Monetarisierung der Städte und dann auch des Landes rasant fortschritt.

Die Verbindung von Söldnerwesen und Edelmetallen nährte den imperialen Expansionismus. Es entstand eine Art Kreislauf. Söldner erobern Minen und machen Kriegssklaven. Diese Sklaven extrahieren in den Minen das Silber, das – zu Münzen geprägt – die Söldner bezahlt, die wieder weitere Eroberungen durchführen können. Alexander der Große brauchte im 4. Jahrhundert v.u.Z. täglich eine halbe Tonne Silber, um seine 120.000 Söldner zu bezahlen.

Fabian Scheidler spricht hier vom *»Geld-Krieg-Komplex«* (2015: 44), David Graeber vom *»Militär-Münzgeld-Sklaverei-Komplex«* (2012: 229). Diese Entwicklung verschärft auch den Druck auf die Bevölkerung zusätzlich, insofern sie den produzierenden Bauern noch einmal weitere Tributzahlungen aufbürdete. Das Persische Reich führte im 5. Jahrhundert die Umstellung der Abgaben von Naturalien auf Geld ein und zwang so die ländliche Bevölkerung, für den Markt zu produzieren. Das Buch Nehemia (Kapitel 5) schildert anschaulich, wie dies zur unerträglichen Überschuldung der Bevölkerung beitrug. Hellenismus und das Römische Reich bilden den ersten Höhepunkt der Verbindung von Geldwirtschaft und imperialer Eroberung.

Mit dem Eindringen des Geldes in das tägliche Leben gehen auch folgenreiche *Veränderungen der Mentalität* einher. Im Unterschied zum Wirtschaften in Gemeinschaften entsteht mit dem

Markt das individuelle Wirtschaften. Ein erster historisch sichtbarer Vertreter der neuen Schicht dieser Individuen war der Dichter *Archilochos* (ca. 685-640 v.u.Z.; dazu ausführlich Müller 1981). Er ist Söldner, Pirat, Goldsucher und der erste große Lyriker der abendländischen Geschichte nach den großen Epen. Er sagt auf eine neue Weise »Ich« und reflektiert über seine persönlichen Gefühle.

Mit dem Geldwert entsteht auch *das abstrakte Denken*. Geld ist eine Denkform, die letzten Endes alles Leben nur in mathematischen Zahlenverhältnissen behandeln kann. Damit wird von allen konkreten Eigenschaften der für den Gebrauch produzierten Gegenstände abstrahiert. Die Begriffe *logos und ratio* sind ursprünglich auf die Proportionen der Geldrechnung bezogen. Hier hat die europäische Rationalität ihren Ursprung. Auch die mit Geld handelnden Personen werden auf ihr Privateigentümersein reduziert. Denn gleichzeitig mit dem marktförmigen Geld entstand das *Privateigentum* über das persönliche Eigentum hinaus. Das heißt, Eigentum bezog sich nicht mehr nur auf Gebrauchswerte, sondern auf den abstrakten Tauschwert, losgelöst vom Gebrauch. Geld und Privateigentum sind auf mehrfache Weise verkoppelt:

- Geld ist immer auch Anrecht auf Eigentum.
- Privateigentum ist Ausdruck ich-bezogener Exklusivität, es schließt andere aus, trennt das Ich von den anderen.

Das heißt im Ergebnis: Geld gibt Zugang zum Markt, misst den Tauschwert und gibt Eigentumsrechte. Verbunden mit der Entwicklung von Hierarchien und Klassen beginnen Privateigentum und Geld, wirtschaftliche, soziale und politische Macht von Menschen in den Gesellschaften zu bestimmen. Zu unterstreichen ist, dass auch das Privateigentum seine Macht nur entfalten kann aufgrund staatlicher Entscheidungen. Für die Geschichte von einmaliger Bedeutung ist die Legalisierung des Eigentums als absoluter Verfügungsgewalt (als Recht, eine Sache zu gebrauchen, verbrauchen, missbrauchen und sogar zu zerstören, d.h. als Herrschaftseigentum/dominium) im römischen Recht (vgl. Duchrow/Hinkelammert 2005). Es ist bis heute in kapitalistischen Gesellschaften von grundlegendem Einfluss. Da es aber politisch gesetzt ist, wäre es auch politisch zu ändern, worauf wir später zurückkommen müssen.

Die aktuelle Brisanz dieser Problematik wird erst deutlich, wenn man die Verbindung des Privateigentums mit dem *Geld* genauer beachtet (dazu vor allem Brodbeck 2012). Geld stellt eine neue, einzigartige und nicht ableitbare Sozialstruktur dar. Man kann sich keine große miteinander tauschende Bevölkerung vorstellen ohne Geld. Im Tausch wird ein Gut zur verkäuflichen *Ware* (gegen Geld eintauschbares Gut). Unter einem *Markt* ist dann eine durch das Geld organisierte Population von Kaufakten zu verstehen. Innerhalb der Geldwirtschaft zählt nur noch die reine Quantität. Dabei müssen der Waren- und der Geldbesitzer in der Bedeutung der Geldeinheit übereinstimmen. Geld beruht also nur auf der gegenseitigen Anerkennung, es hat eine zirkuläre Struktur. Beide rechnen in der gleichen Einheit, dieses *Rechnen* macht den ganzen Inhalt des Kaufaktes aus. Tatsächlich verwandelt der Kaufakt die Tauschpartner für die Zeit des Verhandelns in bloße Rechenautomaten, die ihr übriges Denken und Fühlen völlig preisgeben.

Also ist Geld nicht als ein Ding anzusehen, sondern als eine Weise zu denken und sich auf andere zu beziehen – ganz analog zur Sprache. Geld und Sprache haben eine ähnliche Struktur: In ihnen kommunizieren wir als Beteiligte, wir können sie uns nicht als Objekt gegenüberstellen.

Nun ist aber anders als beim Ware-Ware-Tausch in der Geldwirtschaft der *Geldbesitzer in einer privilegierten Position* gegenüber denen, die Waren produzieren oder handeln. Der Geldbesitzer darf davon ausgehen, dass sein Geld auf dem Markt grundsätzlich anerkannt wird. Der Warenbesitzer hingegen muss um die Anerkennung seiner Ware im Markt erst ringen. Kommt es nicht zu einer Nachfrage, ist er vom Markt ausgeschlossen. Die *allgemeine Funktion des Geldes* erscheint also als *Ausschlussprinzip vom Markt*. In der Geldwirtschaft liegt eine strukturelle Asymmetrie. »Die einzige Sicherheit gegenüber dem im Kaufakt selbst liegenden objektiven Risiko ist nur eine möglichst hohe Geldsumme.« Dies ist damit »ein objektiver Grund zur Ableitung der Geldgier und des Zinses« (ebd.: 363).

Diese Beobachtung ist sehr wichtig zum Verstehen des Kapitalismus in der Neuzeit. Gier ist offenbar nicht nur in einem moralischen Mangel von einzelnen Individuen begründet, also ein rein subjektives Phänomen, sondern sie hat Wurzeln in der marktförmigen Geldwirtschaft selbst. Es gibt eine objektive Basis für das Entstehen der Gier, grenzenlos Geld anzuhäufen, nämlich die Gefahr, vom Markt ausgeschlossen zu sein. Gier gründet also im komplexen *Problem der Unsicherheit*, die der Geld-Marktwirtschaft zwischen Individuen eigen ist. Für solche Marktindividuen, die nicht von einer sich gegenseitig stützenden Gemeinschaft und der darin eingebetteten Wirtschaft getragen sind, *drängt Geld nach mehr Geld*.

Wenn also der geldvermittelte Markt nicht nur ein zusätzliches Phänomen neben der eigentlichen Selbstversorgungswirtschaft ist wie in den archaischen Zeiten, sondern immer mehr Bereiche des alltäglichen Lebens erfasst, breitet sich auch diese Unsicherheit und das Streben nach möglichst viel Geld aus – zusätzlich zu der Unsicherheit der kriegerischen Zeiten, in denen sich der ganze Wandel vollzog. Nimmt man noch hinzu, dass die Imperien zunehmend auch den Tribut, die Abgaben der Untertanen, in Geld fordern, versteht man den Druck, der sich auf die kleinbäuerlich produzierenden Familien legt. Da auch in der Geld-Marktwirtschaft anders als in der gemeinschaftlichen Versorgungswirtschaft letztlich jeder auf sich selbst gestellt ist, verstärkt sich verständlicherweise auch das Konkurrenzverhalten und die Ichbezogenheit der zu Privateigentümern werdenden Menschen.

Im Zusammenhang des allgemein stimulierten Strebens nach mehr Geld können nun die Stärkeren unter den Konkurrierenden Mechanismen installieren, die die Geldvermehrung verstetigen, d.h. *die Gier institutionalisieren*. Dazu boten sich schon existierende Institutionen an, die man mithilfe der Geld-Privateigentum-Wirtschaft verschärfen konnte: Zins, Sklaverei und imperialer Tribut.

Die eine Institutionalisierung der Gier nach grenzenloser Geldakkumulation ist der *Zins*. Ein Schuldner musste mehr als das Entliehene zurückzahlen, ursprünglich vor allem im Blick auf Saatgut, wenn das eigene nach schlechter Ernte nicht ausreichte.

Er musste dafür auch sein Land als Pfand einsetzen. Konnte er nicht zurückzahlen, verlor er sein Land und musste als Schuldsklave für den Gläubiger arbeiten. So wirkten Geld und privates Eigentum zusammen und führten zum zunehmenden Landverlust der freien Bauern und zur persönlichen Schuldsklaverei. Auf der anderen Seite konnten Gläubiger mehr und mehr Land, Geld und Schuldsklaven ansammeln. Das haben Forscher »die Entstehung der antiken Klassengesellschaft« genannt (Kippenberg 1977). So führten die neuen wirtschaftlichen Instrumente Geld und Privateigentum in der antiken Periode zur vertieften Spaltung der Gesellschaften und zur egozentrischen, abstrakten Mentalität. Außerdem verstärkte sich das Patriarchat, weil nur die männlichen Hausväter Eigentum besitzen durften (griechisch despotes, römisch dominus).

Diese Entwicklung spiegelt sich auch in der Philosophie. Als in Lydien die Münzen erfunden wurden, gelangte die Entdeckung über griechische Söldner in kürzester Zeit an die Westküste der heutigen Türkei, des damaligen Ioniens, zuerst um 600 nach Milet. So wurde Milet die erste durchmonetarisierte Polis (Seaford 2004: 175ff.). Genau hier begann in den folgenden Jahrzehnten die sogenannte Vorsokratische Philosophie und legte die kategorialen Fundamente für die darauffolgenden Jahrhunderte – in gewisser Weise bis heute.

Thales, Anaximenes und Anaximander fragen analog zur Erfahrung des Geldes als allgemeinem Äquivalent der Waren nach dem *Einen im Vielen*. Und sie stellen sich dabei eine Substanz vor, die alles Sein durchwirkt. Thales sieht diese Substanz im Wasser, Anaximenes in der Luft. Für den späteren Heraklit ist diese Substanz das Feuer, und er macht den direkten Vergleich mit dem Geld, indem er sagt: »Wechselweiser Umsatz: des Alls gegen das Feuer und des Feuers gegen das All, so wie der Waren gegen das Gold und des Goldes gegen Waren« (Fragment 90). Das heißt, das Wesen der Dinge ist ein unpersönlich Allgemeines.

Diese Ansätze haben die gesamte weitere Philosophiegeschichte und die Strukturen des Denkens bestimmt. Ohne jetzt alle Schritte entwickeln zu können, ist es für unsere Fragestellung wichtig zu verstehen, dass aus diesen Ansätzen *Aristoteles* dann die für die klassische Philosophie grundlegende Bestimmung der Identität vornimmt. Sie heißt ganz schlicht A = A und B = B, und zwar als Substanz, der dann sekundär Eigenschaften, darunter die Relation, zugeordnet sind. Das wird noch einmal verstärkt durch den Satz vom Widerspruch: »Denn es ist unmöglich, dass dasselbe demselben in derselben Beziehung zugleich zukomme und nicht zukomme.« (Aristoteles: Metaphysik 1005b) Das heißt, *alle Dinge sind nur mit sich selbst identisch und zwar als einheitliche Substanz.* Wir haben also in der Antike eine Ausgangsbasis für die spätere Entwicklung, die auf dem Hintergrund der abstrahierenden Geldwirtschaft Identität abstrakt – d.h. abgesehen von allen realen Relationen – als einheitliche Substanz versteht. Das heißt, neben der sozialen gesellschaftlichen Spaltung verursacht das Geld ein selbstbezogenes, abstraktes Denken. Dagegen entstehen früh Widerstände – nicht erst im Mittelalter und der Reformationszeit.

Der Protest der Bibel, anderer Religionen und Philosophien gegen die entstehende Geldzivilisation

Die soeben besprochene Periode zwischen dem 8. und 2. Jahrhundert v.u.Z. nennt der Philosoph Karl Jaspers »Achsenzeit« (1955), weil damals die meisten Weltreligionen und großen Philosophien entstanden.[18] Jaspers geht von einem Schub im Bewusstsein der Menschheit aus. Er beschreibt ihn als Entdeckung einer neuen Form von Transzendenz, wählt also einen eher idealistischen Erklärungsansatz. Das gilt ähnlich für den Weltethosansatz von Hans Küng. Karen Armstrong führt die Neuansätze immerhin auf die Verarbeitung der Gewalterfahrungen zurück. Es könnte aber auch sein, dass es bei dieser Transzendenz darum geht, die realgeschichtlichen Folgen der zunehmend von Geld getriebenen Wirtschaft und Denkweise zu transzendieren.

[18] Ausführlich habe ich die Antwort der Religionen dargestellt in Duchrow 2013, ich kann mich deshalb hier kurzfassen. Die Achsenzeit rechne ich anders als Jaspers bis zum Propheten Mohammed im 7. nachchristlichen Jahrhundert, da auch er (auf der Basis der Bibel) als soziale Bewegung gegen die reiche Händlerkaste in Mekka beginnt.

Mit den genannten Forschern sehe ich deshalb die Entstehung oder neue Prägung der Achsenzeitreligionen und -philosophien in Wechselwirkung mit den ökonomischen, politischen, sozialen und mentalen Entwicklungen. Das heißt nicht, dass sie im simplen materialistischen Sinn nur als Überbau über ökonomische Interessenkonstellationen zu verstehen wären. Vielmehr haben die ideologischen Formationen eine relative Unabhängigkeit und wirken ihrerseits auf die materiellen Prozesse zurück.

Die erste kritische Bezugnahme auf die entstehende Geld-Privateigentumswirtschaft sehe ich bei dem Propheten *Amos*, der kurz vor dem Untergang des Nordreichs Israel (722) dort seine kritische Botschaft an König, Tempel und Volk richtete. Sein zentrales Thema ist die Gefährdung der Kleinbauern. Sie verlieren ihr Gut durch Pfändung, werden als Überschuldete in die Schuldsklaverei verkauft, Schuldsklavinnen werden missbraucht (Am 2, 6-7: So sagt Gott: »Wegen der drei Verbrechen von Israel und wegen der vier mache ich es [die Unheilsweissagungen Am 2, 13-16] nicht rückgängig: Weil sie die Gerechte für Silbergeld verkauften und den Armen für ein Paar Sandalen. Den Kopf der Hilflosen treten sie in den Staub der Erde und manipulieren die Situation der Bedürftigen.«) Die Bauern werden bei Kreditgeschäften betrogen (Am 8, 4-7), von ihnen werden Abgaben und Sühnegelder genommen (Am 5, 11f.). Das Recht, das die Armen schützen sollte, wird gebeugt (Am 5, 10; 6, 12). Darum ruft der Prophet nach Recht und Gerechtigkeit – seither das Grundthema der Bibel (z.B. Am 5, 24).

Der Prophet *Micha* tritt am Ende desselben Jahrhunderts im Südreich Juda auf. Er prangert denselben Mechanismus Eigentum–Zins–Pfändung–Schuldsklaverei an: »Wehe, die Unrecht planen und Böses tun auf ihren Lagern ...: Sie begehren Felder und rauben sie, Häuser, und nehmen sie. Sie unterdrücken den Mann und sein Haus, den Menschen und seinen Erbbesitz.« (Mi 2, 1f.) Der scheinbar rein ökonomische Vorgang der Vollstreckung eines Kreditvertrages wird hier zum ersten Mal offen als Raub bezeichnet. In dieser Tradition ist es also verständlich, dass Luther die kapitalistischen Wirtschaftsmechanismen als Raubsystem bezeichnet und mit dem 7. Gebot dagegen vorgeht.

Fast ein Jahrhundert später richtet *Jeremia* am Ende des 7. Jahrhunderts die gleiche Botschaft an König Jojakim unter Verweis auf das gerechte Handeln seines Vaters, des Königs Joschija (Jer 22, 13-19): »Hat dein Vater nicht auch gegessen und getrunken und trotzdem Recht und Gerechtigkeit geübt? Und es ging ihm gut. Er verhalf dem Recht der Schwachen und Armen zum Sieg. – Das war gut! – Bedeutet dies nicht, mich zu kennen? – so Gottes Spruch. Aber deine Augen und dein Sinn sind allein auf deinen Gewinn gerichtet, auf das Vergießen von unschuldigem Blut und auf das Betreiben von Unterdrückung und Erpressung.« (Jer 22, 15-17). Dieser Text fasst die zentrale Botschaft der Propheten zusammen: Gott ist identisch mit Recht, Gerechtigkeit und Barmherzigkeit. Folglich ist Gotteserkenntnis identisch damit, dem Recht der Schwachen und Armen zum Sieg zu verhelfen.

Auch im Alten Israel waren die Propheten zunächst nur eine *Minderheit.* Der von Jeremia gelobte König Joschija war die erste und zunächst einzige große Ausnahme. Ihm gelang es, den ersten Anfängen eines später noch weiterentwickelten Gesetzeswerks Geltung zu verschaffen, das die prophetischen Anschauungen von *Gerechtigkeit in geltendes Recht* umsetzte. Es handelt sich um die erste Form des biblischen Buches Deuteronomium (5. Buch Mose). Dieses bricht mit der altorientalischen Normalität der Ausbeutungs- und Versklavungsordnungen.[19] Die meisten konkreten Gesetze im Deuteronomium zielen darauf ab, die destruktiven Formen der Geld- und Tauschwirtschaft zu vermeiden oder aufzuheben (5. Mose 14, 24-26, 19). Präventiv sollen das Zins- und Pfandverbot (23, 10) und die Abschaffung des Tributs für Königshof und Tempel wirken. Tritt aber doch Verschuldung ein, sollen als Korrektiv die Schulden nach sieben Jahren erlassen werden (15, 2). Ebenso sind Schuldsklaven nach sieben Jahren freizulassen. Insgesamt sind dies die ersten bekannten Sozialgesetze der Weltgeschichte (vgl. Crüsemann 1992: 254).

Entsprechend werden diejenigen *Götter verworfen*, die diese systemischen Ungerechtigkeiten legitimieren (vgl. Psalm 82).

[19] Diesen Durchbruch und die darauf aufbauende Geschichte hat Ton Veerkamp (2012) dargestellt.

Dem wird Gott, der NAME (den man nicht aussprechen darf), *entgegengestellt als Sklavenbefreier*, von dem man sich kein Bild machen darf, weil er alle real existierenden Ordnungen immer transzendiert. Der NAME ist nur Stimme, auf die Israel hören soll (5. Mose 4, 1-40). Das von Gott eingesetzte Fest Pessach steht für die immer zu wiederholende Befreiung aus der Sklaverei in Ägypten. Die *Zehn Worte* (auch: Dekalog, Zehn Gebote, 5. Mose 5, 6ff., 2. Mose 20, 2ff.) sind die Verdichtung der Grundordnung der Autonomie und Egalität. Sie beginnen mit der Identifizierung Gottes als Sklavenbefreier: »Ich bin JHWH, deine Gottheit, weil ich dich aus Ägypten, dem Haus der Sklavenarbeit, befreit habe. Für dich soll es keine anderen Gottheiten geben – mir ins Angesicht.«

Es geht also primär um Theologie. Welcher »Gott« soll regieren? Wer oder was soll letztlich in der Gesellschaft gelten?[20] Die Aufrichtung einer neuen gerechten Ordnung ist keine ethische Forderung, sondern dient der »Bewahrung der Freiheit« (vgl. Crüsemann 1983 sowie Segbers 1999). Im Volk des befreienden Gottes darf es *keine Ausbeutung menschlicher Arbeit* geben und keine Götter, die diese legitimieren. Dazu gehört auch das Sabbatgebot, das Mensch, Tier und Boden die periodische Ruhe gönnt. Das zehnte Gebot fügt dem zum Abschluss das umfassende *Verbot der gierigen Akkumulation* hinzu: »Sei nicht gierig auf den Partner oder die Partnerin anderer aus! Sei nicht gierig auf das Haus anderer aus, weder auf ihr Feld, ihre Sklaven oder ihre Sklavinnen, noch ihre Rinder, Esel oder irgendetwas, was ihnen gehört!« (5. Mose 5, 21) Hier transzendiert die Religion also real die im Alten Orient normalen sozialen und wirtschaftlichen Beziehungen in einer Gesellschaft und dessen, was gilt. *Der Kern der Religion (des Gottesverständnisses) ist hier die Befreiung arbeitender Menschen von Ausbeutung und die Verwerfung von Akkumulation.*

Diese ständige Erinnerung an die Befreiung aus der vormonetären Sklaverei in Ägypten und die Warnung, nicht in ägyptische Verhältnisse zurückzufallen, schließt auch das tiefengeschichtli-

---

[20] Das ist die zentrale Frage Veerkamps an die Texte.

che »kulturelle Gedächtnis« der aus der Befreiung hervorgegangenen egalitären Organisation von auf Familiensolidarität gegründeten bäuerlichen Gemeinschaften in den Bergen Palästinas ein (ca. 1250 bis zur beginnenden Königszeit um 1000 v.u.Z.). Norbert Lohfink nennt diese vormonetäre Form der Selbstorganisation *»Kontrastgesellschaft«*, Rainer Neu *»regulierte Anarchie«* (ausführlich Duchrow 1997: 134ff.).

Das auf die Erinnerung an die Frühzeit zurückgreifende Ausbeutungs- und Akkumulationsverbot wird im Deuteronomium gegen die Geld-Privateigentums-Wirtschaft in Stellung gebracht. Zur Veranschaulichung wird auf die *Manna-Erzählung* des während der Wüstenwanderung geschenkten Brotes verwiesen (5. Mose 8, 3ff.), deren zentraler Vers lautet: »Als sie die Gefäße zählten, hatte keiner, der viel gesammelt hatte, zu viel, und keiner, der wenig gesammelt hatte, zu wenig. Jeder hatte so viel gesammelt, wie er zum Essen brauchte.« (2. Mose 16, 18) Dies ist die biblische Version der späteren Vision von Karl Marx: »Jeder nach seinen Fähigkeiten, jedem nach seinen Bedürfnissen.« Weil Gott reichlich gibt, kann durch gerechtes Teilen Armut und Überfluss vermieden werden. Deshalb nennt man die biblische Vorstellung von Wirtschaft *Ökonomie des Genug für alle*.

Das spätere Heiligkeitsgesetz im Buch Levitikus (3. Buch Moses) fügt dann noch die theologisch-rechtliche Grundlage für diese Ökonomie hinzu: *Gott gehört die Erde.* Darum darf es kein absolutes Privateigentum geben, sondern nur Nutzungseigentum für alle: »Nicht werde das Land unwiderruflich verkauft, denn mein ist das Land, denn Fremde und Pächter seid ihr bei mir.« (3. Mose 25, 23) Deshalb ist nach sieben mal sieben Jahren, dem Jubel- oder Erlassjahr, allen Familien ihr Stammland wieder zuzuteilen. Entsprechend ist in der Zwischenzeit der Preis von Land je nach den Ernten, die bis zum 50. Jahr noch bleiben, zu errechnen (also gegen den Marktpreis, 3. Mose 25, 8-28). Mit all diesen Regeln ist *Geld als Akkumulationsmittel für Eigentümer ausgeschlossen*. Insbesondere das *Land* als grundlegendes Produktionsmittel zur Selbstversorgung der Familien darf nicht zur Ware gemacht werden. Damit ist eine sozio-ökonomische Ordnung eingeführt, deren zentrale Grundlage die Autonomie und

Egalität (Selbstbestimmung und Gleichheit) der produzierenden Bauernfamilien ist – in Solidarität mit denen, die aus verschiedenen Gründen nicht selbst produzieren können. Wenn das Volk diese Gesetze Jahwes hält, wird es leben (5. Mose 6, 24). Wenn es den Göttern der anderen Völker nachläuft und sich an deren Praxis orientiert, die Armen zu missachten, wird es untergehen (5. Mose 6, 14ff.; vgl. Veerkamp 1993).

Wie die großen Propheten *scheitert* auch dieser erste Versuch, die altorientalische Normalität zu durchbrechen, weil die Söhne Joschijas die Rechtsreform wieder rückgängig machen. Die Zerstörung Jerusalems (586 v.u.Z.) und das babylonische *Exil für die Eliten* sind nach dem Urteil der Propheten die Folgen. Aber auch nach der Rückkehr bleiben die alternativen Kräfte im Volk eine Minderheit. Erst als der persische Reichsbeamte *Nehemia* die Alternative mit politischer Macht ausstattet, kann er mit den Eliten einen Schuldenerlass aushandeln (Neh 5) und die Tora als Grundordnung Judäas vom Priester Esra proklamieren und vom Volk demokratisch verabschieden lassen – daher nennt Ton Veerkamp (2012: 126) diese Periode »Torarepublik«. Hier haben wir also nicht nur eine weitere realgeschichtliche Transzendierung der vom Geld bestimmten wirtschaftlichen Verhältnisse, sondern so etwas wie einen gleichzeitigen politischen Gesellschaftsvertrag, der sogar im Unterschied zur griechischen Demokratie, die nur die Eigentümer einbezieht, gerade von den Schwächsten der Gesellschaft (inklusive der Frauen in Neh 5) her bestimmt ist. Außerdem ist er nicht mehr monarchisch verfasst wie noch die Urform des Deuteronomiums, in dem noch ein »gezähmter« König vorgesehen war, sondern partizipatorisch (5. Mose 17, 14ff.) – eine weitere Variante von Kontrastgesellschaft im Kontext des Perserreiches, das den unterworfenen Völkern eine Semi-Autonomie der Selbstorganisation erlaubte (bei gleichzeitiger Verpflichtung zur Tributzahlung und der Fürbitte für den König im Kult als Beweis der Loyalität).

Als mit den Eroberungen Alexanders des Großen (334-326 v.u.Z.) die Region unter die Herrschaft des *Hellenismus* gerät, wird das Leben nach der Tora zunehmend unmöglich, weil die frühere relative Freiheit unter den Persern vor allem durch kulturellen Imperialismus zerstört und die neue Form des Imperiums zunehmend totalitär wird. Das reflektieren mehrere Bücher der Schrift, vor allem das Buch *Daniel, der klassische Text der apokalyptischen Widerstandsliteratur.* Der Anbetung der goldenen Statue des Hellenismus (Kap. 3) und den gierigen Raubtierweltreichen wird das Reich Gottes mit menschlichem Gesicht als Widerstands- und Hoffnungssymbol entgegengestellt (vgl. Kap. 7, den zentralen Text für Thomas Müntzer). So bekommt der Begriff »Reich Gottes« die Bedeutung »beherrschungs- und ausbeutungsfreie menschliche Ordnung« (Wink 2002). Dies greift zurück auf eine Entwicklung seit der Exilzeit der Oberschichten Israels in Babylon. Dort rücken der Prophet Ezechiel aus priesterlichem Geschlecht und die sogenannte Priesterschrift den Begriff Mensch theologisch-kritisch in den Mittelpunkt (vgl. Duchrow/Bianchi/Krüger/Petracca 2006: 256ff.). Ezechiel hat eine Vision, in der ihm Gott in einer Gestalt »wie ein Mensch« erscheint (Ez 1). Menschen werden als Mann und Frau nach dem Bild Gottes geschaffen angesehen (1. Mose 26-28). *Jesus* stellt den »Sohn des Menschen« – das heißt in semitischen Sprachen, den Menschen als Gattungswesen, die Menschheit – ins Zentrum seiner Verkündigung. Entsprechend werden in Matthäus 25, 31-46 im Gleichnis vom Weltgericht alle Völker und Menschen vom »Menschen« danach gerichtet, ob sie »den Geringsten« der menschlichen Brüder und Schwestern geholfen haben, ihre Grundbedürfnisse zu stillen: Hunger, Durst, Kleidung, Obdach, Gesundheit, Freiheit. Jesu gesamtes Leben, Reden, Tun sowie seine Lebenshingabe dient diesem einen: den Menschen im Menschen zu befreien und ihm zum Durchbruch zur wahren Menschlichkeit zu verhelfen. Dies ist der zentrale Anknüpfungspunkt für die Bündnisbildung zwischen Christinnen und Humanisten. Denn hier ist Karl Marx' Einsicht, der Mensch sei das höchste Wesen für den Menschen, vorweggenommen.

Jesus knüpft also im Kontext des totalitären Römerreichs mit seiner Botschaft genau an die Widerstandstradition an, die verkündet, dass Gottes neue, herrschaftsfreie Lebensordnung im Namen der Menschwerdung des Menschen schon jetzt beginne. Im Vertrauen darauf fordert er die *Entscheidung zwischen Gott und Mammon: »Niemand kann zwei Mächten dienen.* Entweder wirst du die eine Macht hassen und die andere lieben oder du wirst an der einen hängen und die andere verachten. Ihr könnt nicht Gott dienen und dem Geld.« (Mt 6, 24) Was hier mit Geld übersetzt ist, heißt eigentlich »Mammon« und meint zwanghafte Geldvermehrung, im damaligen Stand der ökonomischen Entwicklung nennt Jesus das »Schätzesammeln«, was Marx später unter dem Stichwort »Schatzbildung« verhandelt (aber noch nicht Kapital, das ständig reinvestiert werden muss). Mammon ist also für Jesus der Gegengott zum *einen* jüdischen Gott. Damit macht Jesus nicht etwa eine Aussage über den Glauben oder das ethische Verhalten einzelner Personen, sondern er charakterisiert damit den Gegensatz zweier Gesellschaftsordnungen, der römischen und der Ordnung, die der Gott nach biblischem Zeugnis für Menschen und Schöpfung will. Das ist in seiner Bedeutung noch kaum erfasst. Erst mit den neueren Forschungen wird deutlich, dass das Geld eine zentrale Bedeutung für das Aufkommen des Monotheismus hat. Dem einen abstrakten Geldgott (heute sagt man scherzhaft auch Money-Theismus) wird die konkret mit Gerechtigkeit und Mitgefühl wirkende eine Gottheit Israels entgegengestellt.

Meine Hypothese ist, dass der Monotheismus im Judentum auf die Geldzivilisation antwortet – aber nicht mit einem abstrakten Einen wie die Griechen, die das Wesen des Geldes nur spiegeln, sondern mit einem Gegenentwurf, nämlich einem Gott der Gerechtigkeit und des Mitgefühls. Für diese Gottheit steht der Mensch im Mittelpunkt. Im Deuteronomium (5. Mose 6, 4f.) finden wir das *Schema Israel*, das jeden Tag gebetet wird: »Höre, Israel! Adonaj ist für uns Gott, einzig und allein Adonaj ist Gott. So liebe denn Adonaj, Gott für dich, mit Herz und Verstand, mit jedem Atemzug, mit aller Kraft.« (5. Mose 6, 4f.) Nach dem Deuteronomium ist das zentrale Kennzeichen dieses *einen* Gottes Gerechtigkeit, die dann gerade in vielen Gesetzen gegen die Wirkungen des Geldes und der Verschuldung ausgeführt wird: »Gerechtigkeit! Gerechtigkeit! Jage ihr nach! Dann wirst du leben!« (5. Mose 16, 20). Aber dabei handelt es sich nicht um eine blinde, legalistische Gerechtigkeit, sondern eine, die sich am Schwächsten orientiert und darum zentral von Mitgefühl gekennzeichnet ist. Interessanterweise kommt das gerade im ältesten Gesetzestext der Tora, dem sogenannten Bundesbuch, ebenfalls in dem Abschnitt gegen Zins- und Pfandnahme zum Ausdruck: »Wenn du einem bedürftigen Mitglied meiner Gemeinde Geld leihst, dann treibe keinen Wucher, gib es zinslos. Nimmst du das Obergewand deines Mitmenschen zum Pfand, gib es ihm vor Sonnenuntergang zurück. Es ist doch nachts seine einzige Decke, mit der er sich zudecken kann. Wie soll er sonst schlafen? Wenn er mich in der Not anruft, erhöre ich ihn; ich jedenfalls habe Mitgefühl mit ihm.« (2. Mose 22, 24-26) Dieser Aspekt spielt bereits in dem zentralen Grundlagentext Israels eine fundamentale Rolle. Hier sagt Gott zu Mose aus dem brennenden Dornbusch: »Ich habe das Elend meines Volkes in Ägypten sehr wohl bemerkt. Ich habe gehört, wie sie vor ihren Peinigern aufschrien. Ich kenne ihre Schmerzen. Deshalb bin ich heruntergekommen. Ich will sie aus der Gewalt Ägyptens retten.« (2. Mose 3, 7f.)

Entsprechend diesen zwei Seiten Gottes, Gerechtigkeit und Mitgefühl, wird auch von den Menschen als BundespartnerInnen Gottes sowohl strukturelle wie persönliche, ja emotionale Treue zu den Bundesverpflichtungen erwartet. Kurz, der Monotheismus der Hebräischen Bibel, der in dieser prinzipiellen Form erst nach dem Eindringen der Geldökonomie während der Exilzeit entsteht, ist inhaltlich und formal deutlich gegen die Abstraktion und individualistische Kälte des Geldes gerichtet. Das heißt, die Form der Kontrastgesellschaft, die sich dann direkt nach dem Exil unter Nehemia als »Thorarepublik« bildet, verbindet diese drei Elemente: eine egalitäre Ordnung im Bund mit einer Gottheit, die die Bundesgenossinnen und Bundesgenossen persönlich verpflichtet – in dieser Phase in Abgrenzung von den anderen Völkern, die der Herrschaft des Geldes unterworfen bleiben.

Und dies bringt *Jesus* mit seinem Entscheidungsruf *»Gott oder Mammon«* auf den Punkt im Kontext der totalitären Zivilisation des Römischen Reiches. Dieser Text ist bei Matthäus Teil eines Gesamtabschnitts, der den Armen vermitteln soll, dass sie sich trotz der Konkurrenzgesellschaft nicht sorgen müssen, weil

Gott für sie sorgt wie für die Lilien auf dem Feld und die Vögel unter dem Himmel. Aber dies ist keine allgemeine Behauptung, sondern eingebunden in den Aufruf, gemeinsam eine alternative Gemeinschaft zu bilden, die Gerechtigkeit und Solidarität übt: »Sucht hingegen zuerst die Welt und die Gerechtigkeit Gottes, und dies alles wird euch dazugeschenkt werden. Sorgt euch deshalb nicht um morgen, denn der morgige Tag wird für sich selbst sorgen.« (Mt 6, 33f.)

Und seine gesamte Botschaft fasst Jesus mit den zwei Zitaten aus der Hebräischen Bibel zusammen: »Du sollst Adonaj, deinen Gott, von ganzem Herzen, mit deinem ganzen Leben und mit deinem ganzen Verstand lieben. Dies ist das große und erste Gebot. Und das zweite ist ihm gleich: Du sollst deine Nächsten lieben wie dich selbst. An diesen beiden Geboten hängt die ganze Tora und die Prophetie.« (Mt 22, 34-40)

Auch das ist wieder das Gegenteil von abstrakt. Denn es orientiert sich immer konkret an den jeweils Bedürftigsten. Der klassische Text dafür ist die Vision vom Weltgericht in Matthäus 25, 31ff. Dort wird der Richter »der Mensch in seinem göttlichen Glanz« genannt. Diese Formulierung knüpft an die Vision in Daniel 7 an, in der eine Gestalt, die dort »der Mensch« oder »der Menschliche« genannt wird, die Zeitalter der gierigen Raubtierimperien ablöst. Das heißt, das Kriterium in Matthäus 25, anhand dessen Völker und Einzelne gerichtet werden, ist nicht eine Religion, sondern besteht darin, ob sie menschlich gehandelt haben. Das aber wird so erklärt, dass sie Fremde aufgenommen, den Hungernden Brot, den Dürstenden einen Trank und den Schuldgefangenen Freiheit gebracht haben. Ja, der Menschliche weist sogar diejenigen zurück, die sagen, sie hätten in seinem Namen gehandelt, die aber faktisch nicht für die Bedürftigsten gehandelt haben. Ähnlich sagt Jesus an anderer Stelle (Mk 2, 27f.): »Der Sabbat ist für die Menschen da und nicht die Menschen für den Sabbat. Die Menschen sind wichtiger als der Sabbat.«

Das nennt man heute Religionskritik im Namen des Humanismus. Marx drückt das so aus: »Die Kritik der Religion endet mit der Lehre, dass der Mensch das höchste Wesen für den Menschen sei, also mit dem kategorischen Imperativ, alle Verhältnisse umzuwerfen, in denen der Mensch ein erniedrigtes, ein geknechtetes, ein verlassenes, ein verächtliches Wesen ist.« (MEW 1: 385) Dazu mehr im folgenden Kapitel.

Das heißt, in diesem Sinn ist Jesus einer der Begründer des religionskritischen Humanismus und legt damit die Basis für die Kooperation aller, die für eine Kultur und Gesellschaftsordnung der Gerechtigkeit und des Mitgefühls kämpfen, und dies immer von den Lebensinteressen der »Geringsten« her. Das ist letzten Endes die Begründung dafür, mit Aloysius Pieris zu sagen, dass der entscheidende Beitrag des Christentums für die interreligiöse und inter-weltanschauliche Solidarität für Gerechtigkeit lautet: Jesus ist »Gottes Verteidigungspakt mit den Armen« (Pieris 2009).

Mit seiner Botschaft der neuen, gerechten Welt Gottes sammelt Jesus aus den Armen und Unterdrückten neue Gemeinschaften, die sich in seinem Kontext der römischen Normalität entziehen. Das versteht das Imperium und ermordet ihn am Kreuz, der Strafe für Rebellen. Aber Gott lässt mit ihm die Opfer des Systems auferstehen.

Deshalb geben diese nicht auf und bauen weiter die alternativen Gemeinschaften, eine Kontrastgesellschaft in seinem Geist auf – mit allen ökonomischen Konsequenzen, wie wir in Apg 4, 32-35 sehen, wo die Abschaffung der Absolutheit des Privateigentums – vom römischen Recht bis zum Bürgerlichen Gesetzbuch heute die Normalität – Zeugnis von der Auferstehung des Messias genannt wird. Das heißt, der neue Umgang mit Eigentum zielt auf das Leben aller. Eigentum ist so organisiert, dass niemand Mangel leidet. Dabei wird aus der Tora zitiert, in der es nach 5. Mose 15, 4 heißt: »Es darf keine Armut unter euch geben!«, was im Text aus der Apg übersetzt wird mit: »Es litt doch auch niemand Mangel unter ihnen.«

Paulus drückt das Gleiche im Römer- und Galaterbrief auf seine Weise aus. Im Römerbrief sieht er die römische Realität ganz von Ungerechtigkeit und Gottlosigkeit bestimmt: »Es ist nun offenbar, dass Gott vom Himmel her zornig Partei ergreift gegen jegliche Missachtung dessen, was göttlich ist *(asebeia)*, gegen jedes Unrecht von Menschen *(adikia)*, die durch ihr ungerechtes Handeln die Wahrheit unterdrücken« (Röm 1, 18), sowie: »Deshalb überließ Gott sie der Gier ihrer uneinsichtigen Herzen, die sich auf das richtete, was ihre Heiligkeit verletzt.« (Röm 1, 24)

Dem stellt Paulus die Möglichkeit der Befreiung zur neuen messianischen Gemeinschaft durch den Geist entgegen: »Wenn aber der Messias in eurer Mitte ist – mögt ihr auch wie tot sein auf Grund der allgegenwärtigen Sündenmacht –, dann schenkt euch die Geistkraft Leben, damit Gerechtigkeit verwirklicht wird. Wenn aber die Geistkraft Gottes, die Jesus von den Toten aufgeweckt hat, in eurer Mitte wohnt, so wird die, die den Messias von den Toten aufgeweckt hat, auch eure der Todesherrschaft unterworfenen Körper lebendig machen. Dies geschieht durch Gottes Geistkraft, die in euch einzieht.« (Röm 8, 10f.)

Das führt er im Galaterbrief konkret aus: »Ihr alle nämlich seid Gottes Kinder im Messias Jesus durch das Vertrauen. Denn alle, die ihr in den Messias hineingetauft seid, habt den Messias angezogen wie ein Kleid. Da ist nicht Jude noch Grieche, da ist nicht Sklave noch freier Herr, da ist nicht Patriarch und unterworfene Frau: denn alle seid ihr einzig-einig im Messias Jesus.« (Gal 3, 26-28) Also in der neuen, vom messianischen Geist geprägten Gemeinschaft sind *alle Herrschafts- und Ausbeutungsverhältnisse abgeschafft* – zwischen Völkern, Klassen und Mann und Frau. Diese neue Form von Kontrastgesellschaft nennt Paulus Ekklesia. Der Begriff ist griechisch und bedeutet für Griechen die Volksversammlung der Polis. Der Inhalt aber ist hebräisch und meint die q'hal JHWH, die Versammlung der Repräsentanten der freien Bauernfamilien in jener erinnerten Frühzeit der regulierten Anarchie. In seiner Jugend war Paulus Pharisäer, der die Tora durch Absonderung von den anderen Völkerschaften erreichen wollte. Dann aber hatte er ein Berufungserlebnis, als – säkular geredet – ihm klar wurde, dass die Tora in einem totalitären System nicht verwirklicht werden kann, sondern dieses die »Abgesonderten« nur subtil kooptiert. Die Tora der Befreiung und Gerechtigkeit kann nur verwirklicht werden, wenn das ganze totalitäre System überwunden wird. Das versucht er dadurch, dass er im ganzen Römischen Reich Sauerteigzellen der solidarischen Gemeinschaften (ekklesiai) gründet, die das ganze Imperium Romanum subversiv durchsäuern, revolutionieren (vgl. Veerkamp 2012: 253ff.). Deshalb war sein Ziel nach Rom noch Spanien – aber der römische Kaiser stoppte diese Mission und machte Paulus zum Märtyrer.

Ein weiterer wichtiger Punkt bei Paulus ist die *Überwindung der binären Konkurrenzstruktur* des Imperiums, das regiert, indem es ethnisch-kulturell Menschengruppen (divide et impera) und sozio-ökonomisch Einzelne als Individuen und Klassenvertreter gegeneinander ausspielt. Paulus versteht die Menschen als Personen nicht als solche, die ihre Identität gegen andere, sondern *von den Anderen her* und sie einbeziehend gewinnen. »Einer trage des anderen Last, so werdet ihr die Tora des Messias erfüllen« (Gal 6, 2; siehe dazu die vorzüglichen Arbeiten von Brigitte Kahl, zuletzt 2017). Im Geist des Messias können Juden Juden sein, Griechen Griechen usw., aber in all ihrer Verschiedenheit sind sie eins. Die neue messianische Kontrastgesellschaft kennt auch keinen Widerspruch von einzelnen Personen und Kollektiv. Denn alle ihre Mitglieder haben ein Charisma, eine besondere Gabe für den Aufbau *(oikodome)* der ganzen Körperschaft, und die ganze Körperschaft ehrt jedes einzelne Charisma (1 Kor 12, Röm 12).

Das Messianische bei Paulus bedeutet weder, dass der Messias nur gekommen ist, noch dass er irgendwann kommen wird. Vielmehr manifestiert sich sein Gekommensein in der Präsenz des Geistes, der Vertrauen und Hoffnung schafft, dass in der neuen Gemeinschaft permanent die Umwandlung zur Solidarität (*agape*) geschieht und damit die kritisch-konstruktive Kraft in dem von Ungerechtigkeit, Idolatrie und Tod gezeichneten imperialen System wächst. So führt Paulus die Alternative zum totalitären hellenistisch-römischen Reich – und implizit zum späteren totalitären Kapitalismus – über Jesus hinaus weiter, der die gleiche Dynamik als das Kommen der neuen Welt Gottes ankündigte und realisierte. Diese Alternative baut sich von denen her auf, die in der Gesellschaft zu den Letzten gemacht werden, wie Jesus ausdrücklich sagt (»*Die Letzten werden die Ersten sein*«) und wie Paulus im 1. Korintherbrief ausführt (vgl. Hinkelammert 2011): »Seht doch eure Berufung an, Geschwister: Es sind nämlich nicht viele Weise von ihrer Herkunft her, nicht viele Mächtige, nicht viele aus den Elitefamilien unter euch. Vielmehr hat Gott die Ungebildeten der Welt erwählt, um die Weisen zu beschämen; und die Schwachen der Welt hat Gott erwählt, um die Starken zu beschämen. Und die Geringen und die Verachteten der Welt hat Gott erwählt [damals die Plebejer, bei Marx das Proletariat – und heute?, Anm. d. Verf.], die nichts gelten, um denen, die etwas sind, die Macht zu nehmen [also damals der Aristokratie und heute den KapitaleigentümerInnen, Anm. d. Verf.]. Das geschieht, damit sich kein Mensch aufgrund von Wohlstand und Erfolg von Gott unabhängig wähnt, denn durch Gott seid ihr mit dem Messias Jesus verbunden, der uns von Gott her zur Weisheit geworden ist, und zur Gerechtigkeit und Heiligung und Befreiung« (1 Kor 1, 26-30). Dies nimmt die Bestimmung des revolutionären Subjekts bei Marx in gewisser Weise vorweg. Befreiung kann nur aus den unter dem System Leidenden kommen, nicht von oben.

Summa summarum: Luther hat Recht, wenn er die Bibel und insbesondere als deren Zusammenfassung Jesu Verwerfung der imperial-gierigen Mammonszivilisation dafür nutzt, den Frühkapitalismus systemisch zu kritisieren und abzulehnen. Was er nicht verstanden, z.T. sogar im Gegensatz zu Paulus ignorant abgelehnt hat, war, analoge Gegenkräfte in anderen Kulturen, Glaubensgemeinschaften und Philosophien wahrzunehmen – insbesondere im Islam. Darum noch ein kurzer Blick auf andere Religionen und Philosophien (ausführlich in Duchrow 2013).

Was Luther, wie oben erwähnt, voll verstanden hatte, war Aristoteles' kritische Position, die auf Vorarbeiten von Sokrates und Platon aufbaute. *Sokrates* forderte mit seinem aporetischen »Ich weiß, dass ich nicht weiß« sowohl die Reichen als auch die Abstraktionen der geldinspirierten Philosophie der Sophisten heraus. Platon ging in seinen Grundschriften über das politischen Leben *(Politeia* und *Nomoi)* mit den luxurierenden Formen von Wirtschaft scharf ins Gericht. In seinem Buch »Politik« stellte dann Aristoteles ausführlich die »natürliche« Hauswirtschaft dar, die auf Produktion und Austausch – durchaus auch mit Geld als Mittel – beruhte. Dagegen lehnte er eine Wirtschaft, die Geldvermehrung als Ziel hat – er nannte sie Chremastik –, rigoros ab. Sie zerstört die Gemeinschaft der Polis und ist damit selbstzerstörerisch, denn Menschen können nur in Gemeinschaft überleben. Dieser Fehlentwicklung zu begegnen, empfiehlt er das Mittel des politischen Zins- und Monopolverbots sowie der ethischen Unterweisung. In Griechenland gab es noch eine andere Gegenkraft gegen die Monetarisierung – die Tragödien. Sie prangern die Tyrannen als Prototypen des individualistischen Geldsubjekts an und versuchen, über den Dionysoskult das Individuum wieder in die Gemeinschaft zurückzuführen (vgl. Seaford 2004: 305ff.).

In *Indien* suchte der *Buddha* die drei Gifte Gier, gewalttätiger Hass und Illusion des Ego – die Grundhaltungen, die Leiden erzeugen – durch die achtsame Einsicht in die gegenseitige Abhängigkeit alles Seienden und das daraus folgende neue gemeinschaftliche Sein zu überwinden. Das ist ein durch und durch relationaler Ansatz.

In *China* erklärt *Laozi* den Vorrang des Weichen, des Weiblichen, gegenüber dem harten, profitorientierten und kriegerischen Männlichen. Das folgt aus seiner Orientierung am unaussprechlichen und darum nicht manipulierbaren Dao (Weg).

Schließlich gab Mohammed in *Arabien* dem Zinsverbot ein solches Gewicht, dass islamische Banken bis heute offiziell keine Zinsen nehmen dürfen, wenngleich sie sich in der Praxis in vielem an den Kapitalismus angepasst haben.

Kurz: In allen alten Kulturen der Achsenzeit finden sich Ansätze zur kritischen Auseinandersetzung mit der entstehenden Geldzivilisation, die heute alle wiederentdeckt werden und bei der Überwindung der kapitalistischen Zivilisation helfen können.

Kapitel 4
Karl Marx als prophetischer Kritiker des Industriekapitalismus

»Die kapitalistische Produktion entwickelt daher nur die Technik und Kombination des gesellschaftlichen Produktionsprozesses, indem sie zugleich die Springquellen alles Reichtums untergräbt: die Erde und den Arbeiter.«
Karl Marx, Das Kapital (MEW 23: 529f.)[21]

»Zwischen Luther und Marx gibt es eine existentielle Übereinstimmung« – so beginnt Friedrich Dieckmann (2016: 7) seine treffsichere und interessante Studie zu dem Verhältnis von beiden und auch Friedrich Engels. Die erste Übereinstimmung sieht er darin, dass Luther im alltäglich Wirtschaftlichen ganz auf seine Frau Katharina von Bora angewiesen war, weil an seinen Schriften nur seine Verleger verdienten, und dass die Marx-Familie außer von wenigen Honoraren nur von Friedrich Engels' treuer Unterstützung lebte.[22] Sodann vergleicht er auch die »historische Position im Vorfeld einer tiefgreifenden Krise: »Wie um 1515 ist um 1845 in Deutschland eine revolutionäre Situation herangereift, die in beiden Fällen mit den sozialen Auswirkungen des technologischen und kommunikativen Fortschritts zu tun hat. Um 1500: Buchdruck und Schießpulver, Reichtum der Städte, Verarmung des Adels, Bedrückung der Bauern. Um 1840: Eisenbahnbau und schnell anwachsende maschinelle Produktion, Aufstieg des Bürgertums, drastische Ausbeutung des jungen Proletariats.« Luther ruft mit dem Angriff auf die Käuflichkeit des Heils eine vielfältige nationale und sogar europäische Bewegung hervor. Auch der

---

[21] Eine Einführung in Marx bietet Elmar Altvater 2015.

[22] Obwohl ich durchaus mithilfe meiner früheren Tätigkeiten unser täglich Brot mitverdienen konnte, danke ich doch an dieser Stelle meiner Frau Ulrike an ihrem 80. Geburtstag für ein wunderbares gemeinsames Leben. Als kleines Zeichen dieses Dankes widme ich ihr diese Flugschrift.

junge Marx versucht, mit sprachlich brillanten Aufsätzen eine entstehende geistige Bewegung zu führen – allerdings nun nicht nur mit reformierender Absicht, sondern mit radikaler Religionskritik als Basis für einen Umsturz des herrschenden politischen und ökonomischen Systems.

Religionskritik

Der Aufsatz »Zur Judenfrage« (1843; MEW 1: 347-77) zeigt in Auseinandersetzung mit Bruno Bauer, der die Frage der Judenemanzipation nur religiös angeht, mit brutaler Klarheit die Realität dessen, was Marx als *zeitgenössisches Judentum und Christentum* wahrnehmen kann. Dabei muss man sich immer vor Augen halten, dass Marx Rabbinerenkel war, vom jüdischen Messianisten Moses Hess den Sozialismus lernte (Segbers 2001) und selbst hervorragende Bibelkenntnisse hatte (vgl. Buchbinder 1976).

Sein zentraler Kritikpunkt ist etwas, das auch biblisch zu kritisieren ist, dass nämlich Judentum und Christentum als Religion vollständig identisch geworden sind mit der auf Privateigentum und Geld aufgebauten bürgerlichen Gesellschaft. »Der Monotheismus des Juden ist daher in der Wirklichkeit der Polytheismus der vielen Bedürfnisse ... Das *praktische Bedürfnis, der Egoismus* ist das Prinzip der *bürgerlichen Gesellschaft* und tritt rein als solches hervor, sobald die bürgerliche Gesellschaft den politischen Staat vollständig aus sich herausgeboren. Der Gott des *praktischen Bedürfnisses und Eigennutzes* ist das *Geld.* Das Geld ist der eifrige Gott Israels, vor welchem kein andrer Gott bestehen darf. Das Geld erniedrigt alle Götter des Menschen – und verwandelt sie in eine Ware. Das Geld ist der allgemeine, für sich selbst konstituierte *Wert* aller Dinge. Es hat daher die ganze Welt, die Menschenwelt wie die Natur, ihres eigentümlichen Wertes beraubt. Das Geld ist das dem Menschen entfremdete Wesen seiner Arbeit und seines Daseins, und dies fremde Wesen beherrscht ihn, und er betet es an. Der Gott der Juden hat sich verweltlicht, er ist zum Weltgott geworden. Der Wechsel ist der wirkliche Gott des Juden. Sein Gott ist nur der illusorische Wechsel. Die Anschauung, welche unter der Herrschaft des Privateigentums und des Geldes von der Natur gewonnen wird, ist die wirkliche Verachtung, die praktische Herabwürdigung der Natur.« (MEW 1: 374f.) Dagegen zitiert er *Thomas Müntzer*, der es für unerträglich hält, »daß alle Kreatur zum Eigentum gemacht worden sei, die Fische im Wasser, die Vögel in der Luft, das Gewächs auf Erden – auch die Kreatur müsse frei werden« (ebd.: 375; Marx zitiert Müntzer 1524).

Das zu kritisierende Judentum und Christentum erreicht seinen Höhepunkt in der bürgerlichen Gesellschaft: »Das Judentum erreicht seinen Höhepunkt mit der Vollendung der bürgerlichen Gesellschaft; aber die bürgerliche Gesellschaft vollendet sich erst in der *christlichen* Welt. Nur unter der Herrschaft des Christentums, welches *alle* nationalen, natürlichen, sittlichen, theoretischen Verhältnisse dem Menschen *äußerlich* macht, konnte die bürgerliche Gesellschaft sich vollständig vom Staatsleben trennen, alle Gattungsbande des Menschen zerreißen, den Egoismus, das eigennützige Bedürfnis an die Stelle dieser Gattungsbande setzen, die Menschenwelt in eine Welt atomistischer, feindlich sich gegenüberstehender Individuen auflösen.« (ebd.: 376)

Aus theologischer Sicht – wie in Kapitel 3 ausgeführt – ist diese Wahrnehmung von Judentum und Christentum das genaue Gegenteil dessen, was die hebräische Bibel und das Zweite Testament gegen die entstehende Geldzivilisation vertreten. Dort gibt es die Herrschaft der bürgerlichen Gesellschaft über den politischen Staat, des egoistischen Besitzbürgers (bourgeois) über das politische Gattungswesen (citoyen) noch nicht, aber das Geld hatte schon begonnen, in immer mehr Lebensbereiche einzudringen. Und die Bibel kritisiert das auf breiter Front. Es ist unerlässlich, sich die jeweilige Position einer Religion in verschiedenen Kontexten klarzumachen, um zu sehen, wie sie sich im Vergleich zu ihren Quellen verhält, und so die Religionskritik von Marx verstehen und einordnen zu können.

Das gilt auch für eine weitere wichtige religionskritische Frühschrift, nämlich *»Zur Kritik der Hegelschen Rechtsphilosophie«* (MEW 1: 378-391). In seinem Artikel »Für eine ideologietheoretische Aktualisierung marxistischer Religionskritik« verweist Jan Rehmann (2010) auf den Fortschritt der Marxschen gegenüber der Feuerbachschen Religionskritik. Dieser hatte in allgemein anthropologischer Methode Religion als Projektion des Menschen zu erweisen versucht. Marx hatte bereits in seinen ökonomisch-philosophischen Manuskripten von 1844 an Feuerbach kritisiert, dass dieser die Empfindungen, Leidenschaften, insbesondere die Liebe des abstrakt gefassten, individuellen Menschen zu einem ontologischen Prinzip erklärt (MEW 40: 562). Dem hält er entgegen, dass das Geld Liebe zerstören und sogar käuflich machen kann, also Menschen grundsätzlich in ihrem gesellschaftlichen Zusammenhang gesehen werden müssen (vgl. auch Fay 1986: 247ff.). In der 4. Feuerbachthese fordert er deshalb, dass im Blick auf die Religionskritik die »weltliche Grundlage« der Projektion anders gefasst werden muss: »Diese selbst muss also in sich selbst sowohl in ihrem Widerspruch verstanden als praktisch revolutioniert werden.« (MEW 3: 6) Im »Kapital« fordert er später im Blick auf die Religionsgeschichte als »die einzig materialistische und daher wissenschaftliche Methode«, »aus den jedesmaligen wirklichen Lebensverhältnissen ihre verhimmelten Formen zu entwickeln« (MEW 23: 393, Anm. 89).

Aus diesem Ansatz heraus kommt Marx in der Kritik der Hegelschen Rechtsphilosophie, eine Formulierung des Paulus in Rö 8, 20ff. aufgreifend, zu einer differenzierten Einschätzung der Religion: »Das *religiöse* Elend ist in einem der *Ausdruck* des wirklichen Elendes und in einem die *Protestation* gegen das wirkliche Elend. Die Religion ist der Seufzer der bedrängten Kreatur, das Gemüt einer herzlosen Welt, wie sie der Geist geistloser Zustände ist. Sie ist das *Opium* des Volkes.« (MEW 1: 378) Rehmann deutet diese Sätze als eine Darstellung der realen Erfahrungen von Marx im Blick auf die damalige Theologie und Kirche, zieht daraus dann den Schluss: »In dem Maße, als diese schroffe und totalisierende Entgegensetzung uns heute als zeitbedingt und fragwürdig erscheint, ist es angebracht, Marx' apodiktische Definition in einen Bedingungssatz umzuformulieren: Die Religion wirkt als Opium, wenn sie nicht mit kritischer Gesellschaftsanalyse verbunden wird. Das heißt aber umgekehrt: auch *religiös* inspirierte Bewegungen können die illusorische und zugleich lähmende Eigenschaft religiösen ›Opiums‹ überwinden, wenn es ihnen gelingt, den ›Seufzer der bedrängten Kreatur‹ mit fundierter Kapitalismuskritik und einer ›revolutionären Realpolitik‹ (Luxemburg) zu verbinden.« (Rehmann 2010: 6f.) Als positives Beispiel verweist er auf die Befreiungstheologie, auf die wir später zurückkommen werden.

Die »Kritik der Hegelschen Rechtsphilosophie« zielt darauf, die Junghegelianer von der Konzentration auf die Religionskritik weiterzuführen zu einer Kritik der realen Verhältnisse. Darum beginnt die Einleitung mit dem Satz: »Für Deutschland ist die *Kritik der Religion* im Wesentlichen beendigt, und die Kritik der Religion ist die Voraussetzung aller Kritik ... Die Kritik der Religion ist also im *Keim* die *Kritik des Jammertales,* dessen *Heiligenschein* die Religion ist. Es ist also die *Aufgabe der Geschichte,* nachdem das *Jenseits der Wahrheit* verschwunden ist, die *Wahrheit des Diesseits* zu etablieren. Es ist zunächst die *Aufgabe der Philosophie,* die im Dienste der Geschichte steht, nachdem die *Heiligengestalt* der menschlichen Selbstentfremdung entlarvt ist, die Selbstentfremdung in ihren *unheiligen Gestalten* zu entlarven. Die Kritik des Himmels verwandelt sich damit in die Kritik der Erde, die *Kritik der Religion* in die *Kritik des Rechts,* die *Kritik der Theologie* in die *Kritik der Politik.*« (MEW 1: 378f.)

Nun stellt Marx allerdings fest, dass die Politik in Deutschland selbst überhaupt nicht auf dem Niveau der Zeit steht. Sie hat nur die Restauration nach der Französischen Revolution mitgemacht, selbst aber keine Emanzipation erlebt. Nur die Deutsche Philosophie ist auf der Höhe der Zeit – vor allem die Philosophie Hegels. Sie kann aber nur dann wirkliche Kritik werden, wenn sie zur Praxis wird: »Die Waffe der Kritik kann allerdings die Kritik der Waffen nicht ersetzen, die materielle Gewalt muß gestürzt werden durch materielle Gewalt, allein auch die Theorie wird zur materiellen Gewalt, sobald sie die Massen ergreift. Die Theorie ist fähig, die Massen zu ergreifen, sobald sie *ad hominem* (am Menschen) demonstriert, und sie demonstriert *ad hominem,* sobald sie radikal wird. Radikal sein ist die Sache an der Wurzel fassen. Die Wurzel für den Menschen ist aber der Mensch selbst. Der evidente Beweis für den Radikalismus der deutschen Theorie, also für ihre praktische Energie, ist ihr Ausgang von der entschiedenen *positiven* Aufhebung der Religion.« (ebd.: 385)

Wenn man diese zentralen Sätze an die Religionskritik des Aufsatzes »Zur Judenfrage« zurückbindet, versteht man, was hier durch die Mobilisierung und Organisation der Massen umgestürzt werden soll: Es ist die Herrschaft des Geldes und des Privateigentums des egoistischen Individuums (des »homme« der bürgerlichen Gesellschaft), das sich der Politik bemächtigt hat, um Eigentum und Privatinteresse der Habenden zu schützen. Die eigentliche Domäne der Politik ist aber das Gattungswesen Mensch. In diesem Sinn ist »der Mensch« in der folgenden These zu verstehen, die für das Verständnis von Marx grundlegend ist und die oft fehlinterpretiert wurde, weil man unter Mensch das abstrakte Individuum der bürgerlichen Gesellschaft verstand – was das genaue Gegenteil von dem ist, was Marx meint: »Die Kritik der Religion endet mit der Lehre, daß der *Mensch das höchste Wesen für den Menschen* sei, also mit dem *kategorischen Imperativ, alle Verhältnisse umzuwerfen,* in denen der Mensch ein erniedrigtes, ein geknechtetes, ein verlassenes, ein verächtliches Wesen ist.« (ebd.)

Diesem Text widmet Franz Hinkelammert (2007: 443ff.) eine intensive Analyse und Interpretation. Er sieht diesen Satz in der Tradition der Emanzipationsbewegungen seit der Renaissance. Sie führten zuerst zur bürgerlichen Emanzipation von der feudalen Herrschaft. Dann aber blieb diese in der Französischen Revolution bei der Emanzipation der Eigentümer stehen. Im Verlauf der Revolution wurden die Führungspersonen der Arbeiterbewegung (Babeuf), der Frauenbewegung (Olympe de Gouges) und der Sklavenemanzipation (Toussaint Louverture) guillotiniert. »Die bürgerliche Gesellschaft stellte sich gegen die Emanzipation des Menschen als Menschen.« (ebd.: 442) Es geht also nicht um den Menschen wie er ist, sondern wie er noch nicht ist, nämlich menschlich als körperliches Beziehungswesen im Gesamtzusammenhang der Menschengattung. Das nennt Marx »materialistisch«, stammt aber aus einer biblisch inspirierten Spiritualität, die vom Körperlichen ausgeht – im Sinn des Slogans »Mach's wie Gott, werde Mensch«.[23] Dies bezieht sich aber nicht nur auf die

[23] Mit diesem Spruch demonstrierten 1986 junge Menschen vor Banken in Zürich.

Tradition der »Inkarnation« als der Menschwerdung Christi in einem dogmatischen Sinn, sondern auf die hervorgehobene Stellung, die die Vision vom Menschen in der Bibel einnimmt, wie wir oben im Blick auf das Buch Daniel und Jesus gesehen haben. Mit seiner »Lehre«, der Mensch sei das höchste Wesen für den Menschen, weshalb alle Verhältnisse umzustürzen seien, die dem entgegenstehen, liegt Marx also – ohne es angesichts der Realität von Judentum und Christentum seiner Zeit wahrnehmen zu können – auf der Linie kritischer biblischer Texte.

Wie wichtig dieser Text für unsere Fragestellung ist, zeigt sich daran, dass er direkt im Anschluss seine erste große Aussage zur Reformation macht: »Selbst historisch hat die theoretische Emanzipation eine spezifisch praktische Bedeutung für Deutschland. Deutschlands *revolutionäre* Vergangenheit ist nämlich theoretisch, es ist die *Reformation.* Wie damals der *Mönch,* so ist es jetzt der *Philosoph,* in dessen Hirn die Revolution beginnt.« (MEW 1: 385)[24] Freilich distanziert er sich gleichzeitig von Luther, während er ihn lobt: »*Luther* hat allerdings die Knechtschaft aus *Devotion* besiegt, weil er die Knechtschaft aus *Überzeugung* an ihre Stelle gesetzt hat. Er hat den Glauben an die Autorität gebrochen, weil er die Autorität des Glaubens restauriert hat. Er hat die Pfaffen in Laien verwandelt, weil er die Laien in Pfaffen verwandelt hat. Er hat den Menschen von der äußern Religiosität befreit, weil er die Religiosität zum innern Menschen gemacht hat. Er hat den Leib von der Kette emanzipiert, weil er das Herz in Ketten gelegt.« (ebd.: 386)

Am Schluss dieses Kapitels werden wir die Frage noch einmal aufgreifen müssen, was diese Abschreibung der Gottesfrage bei Marx bedeutet. Hier geht es zunächst einmal um seine Stellung zur Reformation. Da sagt er immerhin: »Aber, wenn der Protestantismus nicht die wahre Lösung, so war er die wahre Stellung der Aufgabe.« Und die Aufgabe sieht er nun beantwortet durch die Philosophie, jedenfalls sobald sie in Praxis übergeht: »so wird die philosophische Verwandlung der pfäffischen Deutschen in

---

[24] Hier zeigt sich übrigens nebenbei, wie weit Marx von der simplen Anschauung »ökonomische Basis versus ideologischer Überbau« entfernt ist und klar eine Wechselwirkung im Auge hat.

Menschen das *Volk* emanzipieren ... Damals scheiterte der Bauernkrieg, die radikalste Tatsache der deutschen Geschichte, an der Theologie. Heute, wo die Theologie selbst gescheitert ist, wird die unfreiste Tatsache der deutschen Geschichte, unser *status quo*, an der Philosophie zerschellen. Den Tag vor der Reformation war das offizielle Deutschland der unbedingteste Knecht von Rom. Den Tag vor seiner Revolution ist es der unbedingte Knecht von weniger als Rom, von Preußen und Österreich, von Krautjunkern und Philistern.« (ebd.)

Allerdings sieht er eine Hauptschwierigkeit für die notwendige Revolution in Deutschland. »Die Revolutionen bedürfen nämlich eines *passiven* Elementes, einer *materiellen* Grundlage. Die Theorie wird in einem Volke immer nur so weit verwirklicht, als sie die Verwirklichung seiner Bedürfnisse ist.« (ebd.) Die bürgerliche Klasse kann nicht die Bedürfnisse der Gattung Mensch als Ziel ihres Handelns haben, weil sie per definitionem für ihre privaten Interessen kämpft. Aber das Entstehen einer Klasse in radikalen Ketten wird die Möglichkeit einer universellen Emanzipation zum Menschen bringen: »Wo also die *positive* Möglichkeit der deutschen Emanzipation? *Antwort:* In der Bildung einer Klasse mit *radikalen Ketten, einer* Klasse der bürgerlichen Gesellschaft, welche keine Klasse der bürgerlichen Gesellschaft ist, eines Standes, welcher die Auflösung aller Stände ist, einer Sphäre, welche einen universellen Charakter durch ihre universellen Leiden besitzt und kein *besondres Recht* in Anspruch nimmt, weil kein *besondres Unrecht,* sondern das *Unrecht schlechthin* an ihr verübt wird, welche nicht mehr auf einen *historischen,* sondern nur noch auf den *menschlichen* Titel provozieren kann, welche in keinem einseitigen Gegensatz zu den Konsequenzen, sondern in einem allseitigen Gegensatz zu den Voraussetzungen des deutschen Staatswesens steht, einer Sphäre endlich, welche sich nicht emanzipieren kann, ohne sich von allen übrigen Sphären der Gesellschaft und damit alle übrigen Sphären der Gesellschaft zu emanzipieren, welche mit einem Wort der *völlige Verlust* des Menschen ist, also nur durch die *völlige Wiedergewinnung des Menschen* sich selbst gewinnen kann. Diese Auflösung der Gesellschaft als ein besonderer Stand ist das *Proletariat.*« (ebd.: 390)

Der zentrale Punkt bei dieser Emanzipation der Deutschen zu Menschen ist die Aufhebung des Privateigentums. »In Deutschland kann keine Art der Knechtschaft gebrochen werden, ohne *jede* Art der Knechtschaft zu brechen. Das *gründliche* Deutschland kann nicht revolutionieren, ohne *von Grund aus* zu revolutionieren. Die *Emanzipation des Deutschen* ist die *Emanzipation des Menschen.* Der *Kopf* dieser Emanzipation ist die *Philosophie*, ihr *Herz* das *Proletariat.* Die Philosophie kann sich nicht verwirklichen ohne die Aufhebung des Proletariats, das Proletariat kann sich nicht aufheben ohne die Verwirklichung der Philosophie.« (ebd.: 391) Dies erinnert an die Rolle der Achsenzeitreligionen – und Philosophien. Hier waren es z.B. die Propheten des Alten Israel, die die Kopfarbeit leisteten. Im Jahr 622 v.u.Z. übernahmen dann die freien Bauern mit Verbündeten unter den Rechtsgelehrten angesichts von Palastwirren die Führung, setzten den sechsjährigen Königssohn Joschijah auf den Thron und ermöglichten so die erste Runde der deuteronomischen Rechtsreformen.

Die erste Runde von Marx' Auseinandersetzung mit der Reformation bedeutet also: Trotz seiner Kritik an Luther sieht er die Reformation als unvollendete, als Teilemanzipation. Er sagt direkt vor dem zuletzt zitierten Abschnitt: »In Deutschland ist die Emanzipation von dem *Mittelalter* nur möglich als die Emanzipation zugleich von den *teilweisen* Überwindungen des Mittelalters.« (ebd.) Nun ist aber der Übergang vom Mittelalter über die Reformationszeit zur Moderne nicht nur eine Frage der Ideologie, sondern auch der realen ökonomischen und politischen Verhältnisse. Was kennzeichnet diesen Übergang?

Vom Frühkapitalismus zum industriellen Kapitalismus

Um das Verhältnis von Marx zu Luther und der Reformation zu verstehen, müssen wir auch die konkreten Veränderungen in der Wirtschaft betrachten. Das lässt sich sehr gut am zweiten Abschnitt des Ersten Bandes von »Das Kapital« tun (»Der Produktionsprozess des Kapitals«, MEW 23: 161ff.). Er trägt die Überschrift »*Die Verwandlung von Geld in Kapital*« und nimmt selbst auch historische Einordnungen vor. Marx beginnt ihn mit den Sätzen: »Die Warenzirkulation ist der Ausgangspunkt des Kapitals. Warenproduktion und entwickelte Warenzirkulation, Handel, bilden die historischen Voraussetzungen, unter denen es entsteht. Welthandel und Weltmarkt eröffnen im 16. Jahrhundert die moderne Lebensgeschichte des Kapitals.« Er sieht also die Zeit Luthers als den Übergang zur ausgereiften Form des Kapitalismus. Er zeigt das zunächst nicht an der Analyse der stofflichen Seite der Ware, sondern ihres Tauschwerts, des letzten Produkts der Warenzirkulation: des *Gelds*. Denn es ist *die »erste Erscheinungsform des Kapitals«*. Marx drückt das so aus: »Historisch tritt das Kapital dem Grundeigentum überall zunächst in der Form von Geld gegenüber, als Geldvermögen, Kaufmannskapital und Wucherkapital.« (ebd.: 161) Dies ist genau, was wir seit dem 11. Jahrhundert gesehen hatten. Ab dieser Zeit ging es Schritt für Schritt weniger um die einfache Warenzirkulation von Gebrauchswerten, W-G-W, sondern um das Kaufmannskapital, das Geld in Ware investiert, um mehr Geld daraus zu machen, als G-W-G' oder das Wucherkapital, das aus Geld direkt mehr Geld produzieren will, G-G'. Im ersten Fall geht es um Geld als Geld – allerdings um der Akkumulation von Kapital willen –, im zweiten um Geld als Kapital. Bei diesem vom Kapital erzielten »Mehr« geht es um den Mehrwert.

Ein weiterer wichtiger Aspekt ist, dass bei W-G-W der Prozess zu einem Ziel kommt, wenn der Gebrauchswert der Ware ein Bedürfnis stillt. Bei G-W-G' hingegen sind Anfang und Ende dasselbe und deshalb ohne Ende. In diesem rastlosen, endlosen Prozess von Geld zu mehr Geld ist Geld zum Selbstzweck geworden. Hier zitiert Karl Marx die klassische aristotelische Unterscheidung von Ökonomik als »natürlicher« Form von Produktion und Tausch im Gegensatz zu den »chrematistischen« Formen von grenzenloser Geldvermehrung um ihrer selbst willen (ebd.: 167). In ihnen wird der »Wert« zum »automatischen Subjekt« (ebd.: 169) – und genau dies ist das Besondere am Kapitalismus. Es ist die »Selbstverwertung«. »Wenn in der einfachen Zirkulation der Wert der Waren ihrem Gebrauchswert gegenüber höchstens die selbständige Form des Geldes erhält, so stellt er sich hier plötzlich dar als eine prozessierende, sich selbst bewegende Substanz, für welche Ware und Geld beide bloße Formen. Aber noch mehr. Statt Warenverhältnisse darzustellen, tritt er jetzt sozusagen in ein Privatverhältnis zu sich selbst. Er scheidet sich als ursprünglicher Wert von sich selbst als Mehrwert ... Der Wert wird also prozessierender Wert, prozessierendes Geld und als solches Kapital. Es kommt aus der Zirkulation her, geht wieder in sie ein, erhält und vervielfältigt sich in ihr, kehrt vergrößert aus ihr zurück und beginnt denselben Kreislauf stets wieder von neuem.« (ebd.: 170) Dies ist genau das, was wir in Kapitel 1 als charakteristisch für den Kapitalismus im Unterschied zur Antike gefunden hatten: das, was Franz Hinkelammert als Geldvermehren in der Form des »Funktionsmechanismus« und Fabian Scheidler als »Megamaschine« bezeichnen: die Mechanisierung des Geldvermehrens als zunehmend einzigem Zweck des Wirtschaftens.

Und dann verbindet Marx in folgender Konklusion selbst die im Mittelalter gewordenen mechanisierten Formen des *Kaufmannskapitals* und *Wucherkapitals* mit dem von nun an zentral wichtigen *Industriekapital*, indem er schreibt: »Kaufen, um zu verkaufen, oder vollständiger, kaufen, um teurer zu verkaufen, G-W-G', scheint zwar nur einer Art des Kapitals, dem Kaufmannskapital, eigentümliche Form. Aber auch das industrielle Kapital ist Geld, das sich in Ware verwandelt und durch den Verkauf der Ware in mehr Geld rückverwandelt. Akte, die etwa zwischen dem Kauf und Verkaufe, außerhalb der Zirkulationssphäre, vorgehn, ändern nichts an dieser Form der Bewegung. In dem zinstragenden Kapital endlich stellt sich die Zirkulation G-W-G' abgekürzt dar, in ihrem Resultat ohne die Vermittlung, sozusagen im Lapidarstil, als G-G', Geld, das gleich mehr Geld, Wert, der größer als er selbst ist.« (ebd.)

Dies ist das Bild, das sich ergibt, wenn man nur die Zirkulationssphäre betrachtet – abgesehen von der Produktion. Diese Überlegung macht Marx, um zu zeigen, dass in der Zirkulation kein Wert entstehen kann. Auch hier zitiert er wieder Aristoteles, dass Geld kein Geld erzeugen kann. Wert kann nur entstehen durch Arbeit – aber im kapitalistischen Sinn erst dann, wenn *Lohnarbeit* generell zur Form der Arbeit geworden ist. Das sagt er ausdrücklich in einer Anmerkung: »Was also die kapitalistische

Epoche charakterisiert, ist, dass die Arbeitskraft für den Arbeiter selbst die Form einer ihm gehörigen Ware, seine Arbeit daher die Form der Lohnarbeit erhält. Andererseits verallgemeinert sich erst von diesem Augenblick die Warenform der Arbeitsprodukte.« (ebd.: 184, Anm. 41) Wir hatten bereits in Kapitel 1 gesehen, dass seit dem 11. Jahrhundert schon in Venedig, Florenz und Genua industrielle Lohnarbeit begann – wenn auch noch nicht als Hauptquelle des Reichtums, der vorwiegend aus dem Kaufmanns- und Wucherkapital gezogen wurde. Ab dem 14. und 15. Jahrhundert verstärkte sich dieser Trend, besonders auch befördert durch die Privatisierung von Gemeindeland, die viele Menschen »freisetzte«.

Schon aus dieser Tatsache sieht man: Der Unterschied zum Sklaven, dass nämlich der Anbieter der Ware Arbeit »freier Eigentümer seines Arbeitsvermögens, seiner Person« sein muss, geschieht meist nicht freiwillig, sondern wegen des bitteren Verlustes der eigenen Produktionsmittel. Dennoch bleibt das freie Angebot das erste und wichtigste Merkmal der Lohnarbeit. Der freie Eigentümer seiner Arbeitskraft trifft den Geldbesitzer auf dem Arbeitsmarkt – beide formal als gleiche Partner, die einen Vertrag schließen, in dem der Arbeitskraftbesitzer für eine gewisse Zeit seine Arbeitskraft an den Geldbesitzer verkauft. Die zweite Vorbedingung dafür, dass der Geldbesitzer freie Arbeitskraftanbieter auf dem Markt vorfindet, ist eben die, dass diese keine Produktionsmittel mehr haben, um Waren zu produzieren und zu verkaufen, und deshalb nur ihre Arbeitskraft anbieten können. Das ist nicht von Natur so, sondern Ergebnis einer gesellschaftlichen Entwicklung.

An dieser Stelle lohnt sich ein Seitenblick in die Vorentwürfe für »Das Kapital« mit dem Titel *»Theorien über den Mehrwert«*. Hier behandelt er in einem Abschnitt Luthers Überlegenheit über Proudhon, indem er seitenweise aus seinen Schriften »Von Kaufshandlung und Wucher«, »An die Pfarrherrn wider den Wucher zu predigen« usw. zitiert (MEW 26.3: 516-525). Besonders lobt er, dass Luther bereits erkannt hat, dass beim Leihen und Kaufen gleichermaßen der Zins ins Kapital eingewachsen ist: »in beiden erkennt er den Wucher gleichmäßig. Was an seiner Polemik sonst das Schlagendste, ist, daß das *Eingewachsensein des Zinses in das Kapital* von ihm als Hauptpunkt des Angriffs gefasst wird.« (ebd.: 516) Das heißt, Luther hat den Unterschied zwischen Geld und Kapital erkannt – im Unterschied zu Proudhon, der annimmt, beim Kaufmannskapital ginge es nur ums Geld.

Aber etwas Zweites hat Luther seines Erachtens verstanden, dass nämlich der *Wucher eine Rolle bei dem Umschlag zur kapitalistischen Produktion* spielt. An dem oben zitierten Text über das fressende Kapital zeigt er mit Luther, wie der Wucher Bürger (Kleinbürger und Bauern), Ritter, Adel und Fürsten ruiniert. »Auf der einen Seite fließt die Surplusarbeit und dazu die Arbeitsbedingungen der Pfahlbürger [Personen, die zwar das Bürgerrecht einer Stadt besaßen, aber außerhalb der Stadtmauern lebten], Bauern, Zünftler ihm zu, kurz des kleinen Warenproduzenten, der Geld braucht, um z.B. zu zahlen, bevor er seine Ware in Geld verwandelt, und gewisse seiner Arbeitsbedingungen selbst schon käuft etc. Anderseits von den Besitzern der Rente, die es sich aneignet; also von der verschwenderischen, genießenden richesse [Angehörige der reichen Klassen]. Insofern der Wucher das Doppelte bewirkt, erstens überhaupt ein selbständiges Geldvermögen zu bilden, zweitens die Arbeitsbedingungen sich anzueignen, d.h. die Besitzer der alten Arbeitsbedingungen zu ruinieren, ist er ein mächtiges Mittel in der Bildung der Voraussetzungen für das industrielle Kapital – ein mächtiges Agens in der Scheidung der Produktionsbedingungen vom Produzenten.« (ebd.: 518) Denn nur wenn der frühere Produzent die Produktionsmittel verliert, ist er der »freie« Eigentümer seiner Arbeitskraft, der seine Haut zu Markte tragen muss – um gegerbt zu werden, wie Marx es ausdrückt.

Zurück zur Analyse der entstehenden *Lohnarbeit* in »Das Kapital«. Die Ware Arbeitskraft hat wie jede andere Ware ihren *Wert*. Dieser ist wie bei jeder anderen Ware bestimmt durch die zur Produktion und Reproduktion notwendige Arbeitszeit. Arbeitskraft ist ja nicht abstrakt vorhanden, sondern existiert nur »als Anlage des lebendigen Individuums« (MEW 23: 185). Das heißt, um dieses am Leben zu erhalten, muss zunächst einmal die für die Erzeugung der Lebensmittel notwendige Arbeitszeit aufgebracht werden. Sodann, weil das Individuum sterblich ist, muss für Nachkommen gesorgt werden. Auch dafür ist ein Quantum Arbeitszeit notwendig. Es ist wichtig zu verstehen, dass diese Arbeitswertlehre davon ausgeht, dass mit der Arbeitskraft Leben, Lebenskraft verausgabt, verbraucht wird. Der »Konsumtionsprozeß der Arbeitskraft ist zugleich der Produktionsprozeß von Ware und von Mehrwert« (ebd.: 189). Erst an dieser »verborgnen Stätte der Produktion« lässt sich das »Geheimnis der Plusmacherei« lüften – nämlich, dass der Eigentümer der Produktionsmittel Mehrarbeit aus dem arbeitenden Menschen herauspressen kann. Das heißt, der zentrale Schritt über die Zeit und Wahrnehmung Luthers hinaus, den Marx vornimmt, ist die Analyse des kapitalistischen Produktionsprozesses. Dabei ist wichtig, dass der Widerspruch zwischen Kapital und Arbeit nicht abstrakte »Produktionsfaktoren« meint. Die Antithese bedeutet vielmehr: abstraktes Kapital/Geldwert versus konkrete lebendige Menschen, die existentiell ihre lebendige Arbeitszeit verkaufen müssen. Es ist spannend zu sehen, dass Marx durch diese Sicht, die er in der Fetischismusanalyse vertieft, auch theologisch neue Einsichten gewinnt.

Der Fetischcharakter von Ware, Geld und Kapital. Karl Marx als Theologe

Zur *Fetischismusanalyse*, die Marx im »Kapital« vorgelegt hat, liegt eine vorzügliche, unter heutigen Fragestellungen entwickelte Darstellung von *Franz Hinkelammert* (1985) vor. Was untersucht Marx in der Fetischismustheorie? Schon vor dem »Kapital« kommt er in seiner Schrift »Zur Kritik der politischen Ökonomie« darauf unter dem Stichwort »Mystifikation« zu sprechen (MEW 13: 21ff.). »Es charakterisiert ... die Tauschwert setzende Arbeit, dass die gesellschaftliche Beziehung der Personen sich gleichsam verkehrt darstellt, nämlich als gesellschaftliches Verhältnis der Sachen.« (ebd.: 21) Das heißt, in den Waren, dem Geld und dem Kapital – alles sachliche, dingliche Phänomene – wird versteckt, dass es sich eigentlich um Personenbeziehungen im Zusammenhang kapitalistischer Produktionsverhältnisse handelt. Und diese entscheiden über Leben und Tod von Menschen (und wie wir inzwischen noch besser wissen, von anderen Kreaturen auf dieser Erde), denn in der Wirtschaft geht es letztlich um Produktion und Verteilung von Lebensmitteln. Insofern betrifft diese Frage das Überleben unter den Bedingungen der kapitalistischen Zivilisation. Was heißt das im Einzelnen?

Je arbeitsteiliger die Gesellschaft wurde, desto mehr verlagerte sich die Bedeutung der Ware von ihrem Gebrauchswert für die Befriedigung menschlicher Bedürfnisse hin zum Dingwert der Ware. (Das kommt schon bei Aristoteles in der Verschiebung von der natürlichen Erwerbswirtschaft, *ktetiké*, zur geldvermehrenden Warenwirtschaft, *chrematistiké,* zum Ausdruck; »*chrema*« heißt im Griechischen bezeichnenderweise gleichzeitig Ding und Geld). Der Fetischismus entwickelt sich also in verschiedenen historischen Epochen – als Waren-, Geld- und Kapitalfetischismus.

Ein Fetisch ist etwas Handgemachtes, das der Mensch anbetet, wie Marx den Rückgriff auf einen religiösen Begriff deutet.[25] »Es ist nur das bestimmte gesellschaftliche Verhältnis der Menschen selbst, welches hier für sie die phantasmagorische Form eines Verhältnisses von Dingen annimmt. Um daher eine Analogie zu finden, müssen wir in die Nebelregion der religiösen Welt flüchten. Hier scheinen die Produkte des menschlichen Kopfes mit eignem Leben begabte, untereinander und mit den Menschen in Verhältnis stehende selbständige Gestalten. So in der Warenwelt die Produkte der menschlichen Hand. Dies nenne ich den Fetischismus, der den Arbeitsprodukten anklebt, sobald sie als Waren produziert werden.« (MEW 23: 86f.)

Bei den *Waren* gibt es in ihrem Gebrauchswert noch nichts Geheimnisvolles. Weizen ist zum Essen da, ein Kleid zum Kleiden. Im Rahmen einer Arbeitsteilung auf der Grundlage des Privateigentums wird aber Weizen ein Mittel, durch Tausch Schuhe zu erhalten und umgekehrt. Durch den Tauschwert beginnen aber die Waren untereinander ein nicht mehr unmittelbar durchschaubares und kontrollierbares Beziehungssystem zu entwickeln, in

[25] Wahrscheinlich vermittelt durch Moses Hess, wie Segbers (2001) nahelegt.

dem sich die gesellschaftlichen Beziehungen der Menschen untereinander spiegeln, aber gleichzeitig verstecken. In der kapitalistischen Produktion produzieren Menschen ja nicht mehr Produkte, die sie dann tauschen. Sondern die Waren werden von arbeitenden Menschen hergestellt, die mehr arbeiten müssen, als zu ihrer Reproduktion nötig ist, um den Mehrwert zu erarbeiten, aus dem dann der Profit für den Kapital investierenden Unternehmer, der Zins für den Kreditgeber und die Rente für den Grundeigentümer abgeschöpft werden. Das geschieht über komplexe Produktions- und Zirkulationsprozesse, die so aussehen, als seien sie natürlicherweise so, obwohl sich in ihnen Machtverhältnisse verbergen, die über Leben und Tod der Arbeitenden (und der im Prozess überflüssig Gemachten) entscheiden.

Die Verschleierung der Personalbeziehungen in den Waren erfolgt über deren abstrakten Tauschwert. »Der Wert verwandelt … jedes Arbeitsprodukt in eine gesellschaftliche Hieroglyphe.« (ebd.: 88) Sehr interessant an dieser Stelle ist, dass Marx die Verwandlung der Gebrauchsgegenstände in Werte mit der Sprache vergleicht. Der Tauschwert, später dann als Geld verdinglicht, ist wie eine Sprache, in der Menschen kommunizieren. Es ist die Sprache des von der Ganzheit der Menschen absehenden und auf das rechnende und berechnende Privateigentümersein reduzierenden Subjekts (vgl. hierzu Kapitel 3 und Brodbeck 2012: 174ff.). Zwar hat, nach Marx, die Wissenschaft inzwischen entdeckt, »dass die Arbeitsprodukte, soweit sie Werte, bloß sachliche Ausdrücke der in ihrer Produktion verausgabten menschlichen Arbeit sind«. Aber dadurch wird im alltäglichen Bewusstsein doch der Schleier noch nicht von den Waren abgezogen. »Die Bestimmung der Wertgröße durch die Arbeitszeit ist daher ein unter den erscheinenden Bewegungen der relativen Warenwerte verstecktes Geheimnis.« (MEW 23: 89)

Dieser Vorgang verschärft sich, wenn die Ware *Geld* ein gemeinsamer Nenner für den Tauschwert aller anderen Waren wird (ebd.: 90). Geld ist dann *die Ware* in ihrem Dingwert. Symbolisiert in Silber und Gold, ist Geld das Wert-Depot. Hier kritisiert Marx ausdrücklich die »Illusionen des Monetarsystems« (ebd.: 97). Denn viele meinen, Edelmetalle seien von Natur aus Geld.

Es gewinnt aber seine Macht nur durch den Austauschprozess (ebd.: 99ff.). Dieser funktioniert freilich nicht, indem die Waren »selbst zu Markte gehn«. Vielmehr müssen die Warenbesitzer sich zueinander verhalten. Das tun sie aber nicht als konkrete ganzheitliche Personen, sondern als abstrakte Privateigentümer, die sich wechselseitig als solche anerkennen und einen Vertrag miteinander schließen. Sie sind füreinander nur Warenbesitzer und beziehen sich deshalb auf einander über das allgemeine Äquivalent der Waren. Das aber wird im Lauf der Geschichte ausgedrückt in einer allgemeinen Ware, dem Geld. »Es ist der König in der Warenwelt.« (Hinkelammert 1985: 28)

Marx zitiert im 2. Kapitel des ersten Bands von »Das Kapital« (»Der Austauschprozeß«) bedeutungsvoll und kunstvoll verschränkt zwei Bibelverse aus der Offenbarung Johannes, die er mit dem griechischen Namen Apokalypse nennt (MEW 23: 101): »Die haben eine Meinung und werden ihre Kraft und Macht geben dem Tier (Offb 17, 13), dass niemand kaufen und verkaufen kann, er habe denn das Malzeichen, nämlich den Namen des Tiers oder die Zahl seines Namens.« (erg. auf der rechten Hand oder Stirn, Offb 13, 16-17). Das Tier aus dem Abgrund symbolisiert in diesem biblischen Buch des Widerstands das Römische Reich, das als gieriges Raubtier im Sinn der Imperien in Dan 7 verstanden wird. Es verkörpert den Antichrist. Hier scheint bereits am Anfang der Analyse auf, was dann im Lauf des Werks Schritt für Schritt aufgedeckt wird: die zerstörerische Herrschaft des Geldes und des Kapitals. Bei der fortschreitenden Teilung der Arbeit bis zum Kapitalismus benutzt er dieses Bild des Zeichens auf der Stirn später noch einmal: »Seiner natürlichen Beschaffenheit nach verunfähigt, etwas Selbständiges zu machen, entwickelt der Manfakturarbeiter produktive Tätigkeit nur noch als Zubehör zur Werkstatt des Kapitalisten. Wie dem auserwählten Volk auf der Stirn geschrieben stand, dass es das Eigentum Jehovas, so drückt die Teilung der Arbeit dem Manufakturarbeiter einen Stempel auf, der ihn zum Eigentum des Kapitals brandmarkt.« (MEW 23: 382)

Der Stufe des Geldfetischismus entspricht das *Schatzsammeln*. Dies ist es, was Aristoteles als Gier nach grenzenlosem Geldvermehren beschreibt und Jesus als Mammon, als Abgott, als Götze im Gegensatz zu Gott sieht. Beide analysieren darin die Illusion zu meinen, man könne ewiges Leben erlangen, wenn man nur endlos Lebensmittel kaufen kann. Auch wandelt das Geld gesellschaftliche Macht in Privatmacht um (ebd.: 146). Alles wird käuflich für den, der Geld hat – bis das Geldsubjekt zum Tyrannen wird, wie es die griechische Tragödie anklagt. So zitiert auch Marx Sophokles und Shakespeare gegen »das schmählich Übel« und das »verdammt Metall, Gemeine Hure du der Menschen«. »Das Trugbild der Unendlichkeit hinter dem Geld ist daher nicht mehr als eine schlechte Unendlichkeit, wie es Hegel nennt. Daraus ergibt sich nun nicht nur eine Theorie der Werte. Hinter dem Geld steht die Unendlichkeit, die es zu erreichen verspricht. Daraus können die Werte abgeleitet werden, die man befolgen muss, um zum Ziel zu gelangen. Weil das Ziel aber ein unendlicher Wert ist, macht es das religiöse Trugbild möglich, dieses Ziel zu sakralisieren, um es in einen Gegenstand der Anbetung zu verwandeln... *In God we trust...*« (Hinkelammert 1985: 36).

Aus der Perspektive der Arbeitenden ist der *Kapitalfetischismus* der umfassendste Höhepunkt der Entwicklung nach dem Waren- und Geldfetischismus und dessen zerstörerischen Wirkungen (vgl. MEW 25: 404ff.). Denn hier wird alles zur auf Geldvermehrung zielenden Ware: natürlich das Geld selbst, aber auch der Boden, die industriellen Produktionsmittel, vor allem aber die Arbeit in Form von käuflicher Lohnarbeit. Anders ausgedrückt: Alles wird zu Kapital. Wir haben die allgemeine Formel des Kapitals schon kennengelernt als G-W-G'. Diese Erkenntnis zielt bei Marx darauf, dass in der neuzeitlichen bürgerlichen Marktgesellschaft, die ausschließlich auf Geldvermehrung zielt, in umfassender Form herauskommt, dass der Mehrwert in der Bewegung von Geld über Ware zu mehr Geld ausgebeutete Arbeitskraft ist – also Mehrarbeit über die zur Reproduktion der Arbeiterschaft nötige gesellschaftliche Normalarbeitszeit hinaus. Der Lohnarbeiter kann nicht mehr seine in einem Produkt vergegenständlichte Arbeitskraft als Ware zu Markte tragen, sondern er muss seine Arbeitskraft, sich selbst zu Markte tragen. Denn der Kapitaleigner hat die Produktionsmittel, Maschinen usw. in der Hand.

Er ist aber auch Besitzer der Produkte, also der Lebensmittel für alle Nicht-Kapitaleigner, d.h. auch für die Bauern ohne Land, die Arbeitslosen und andere Randgruppen (Marginalisierte).

Das Kapital aber – seinem Wesen nach Geldvermehrung um seiner selbst willen – »sichert nur das Leben derjenigen Arbeiter, die für seinen (des Kapitals) eigenen Lebensprozess notwendig sind« (Hinkelammert 1985: 39). Marx zitiert Shakespeare mit dem Satz »Ihr nehmt mein Leben, Wenn ihr die Mittel nehmt, wodurch ich lebe.« (MEW 23: 511, Anm. 307) Dazu schreibt er, dass dies mit der ständigen Revolutionierung der technischen Methoden zusammenhängt, die arbeitenden Menschen soweit wie möglich überflüssig zu machen. »Die Natur der großen Industrie bedingt daher Wechsel der Arbeit, Fluß der Funktion, allseitige Beweglichkeit des Arbeiters. Andrerseits reproduziert sie in ihrer kapitalistischen Form die alte Teilung der Arbeit mit ihren knöchernen Partikularitäten. Man hat gesehn, wie dieser absolute Widerspruch alle Ruhe, Festigkeit, Sicherheit der Lebenslage des Arbeiters aufhebt, ihm mit dem Arbeitsmittel beständig das Lebensmittel aus der Hand zu schlagen und mit seiner Teilfunktion ihn selbst überflüssig zu machen droht; wie dieser Widerspruch im ununterbrochenen Opferfest der Arbeiterklasse, maßlosester Vergeudung der Arbeitskräfte und den Verheerungen gesellschaftlicher Anarchie sich austobt.« (ebd.: 511). Die große Industrie »macht es zu einer Frage von Leben oder Tod, die Ungeheuerlichkeit einer elenden, für das wechselnde Exploitationsbedürfnis des Kapitals in Reserve gehaltenen, disponiblen Arbeiterbevölkerung zu ersetzen durch die absolute Disponibilität des Menschen für wechselnde Arbeitserfordernisse; das Teilindividuum, den bloßen Träger einer gesellschaftlichen Detailfunktion, durch das total entwickelte Individuum, für welches verschiedne gesellschaftliche Funktionen einander ablösende Betätigungsweisen sind.« (ebd.: 512)

Hier entsteht also ein großer – heute noch sichtbarerer – Widerspruch innerhalb des Kapitals: Es will nur willfährige »Teilindividuen«. Aber durch die ständige technische Revolution erfordert es Menschen, die die technischen Revolutionierungen bewältigen können. Diesen Widerspruch gilt es auszunutzen, um die Produktionsmittel in die Hand der Arbeitenden zu bekommen. Solange aber die Gegenkräfte nicht stark genug sind und deshalb dies nicht gelingt, hat z.B. das Elend der Erwerbslosigkeit keinen Platz im Kalkül des Kapitals – ebenso wenig wie einst Kinderarbeit. So sieht das Kapital vonseiten der Nicht-Kapitaleigner aus.

In der *Perspektive des Kapitals* selbst entsteht der Schein, als sei es als Kapital die Quelle alles Produktiven. Sein zerstörerischer Selbstvermehrungsmechanismus wird als die Quelle des Lebens dargestellt. »Im zinstragenden Kapital erreicht das Kapitalverhältnis seine äußerlichste und fetischartigste Form … Das Kapital erscheint als mysteriöse und selbstschöpferische Quelle des Zinses, seiner eigenen Vermehrung. Das Ding (Geld, Ware, Wert) ist nun als bloßes Ding schon Kapital, und das Kapital erscheint als bloßes Ding; das Resultat des gesamten Reproduktionsprozesses erscheint als eine einem Ding von selbst zukommende Eigenschaft; es hängt ab von dem Besitzer des Geldes, d.h. der Ware in ihrer stets austauschbaren Form, ob er es als Geld verausgaben oder als Kapital vermieten will. Im zinstragenden Kapital ist daher dieser automatische Fetisch rein herausgearbeitet, der sich selbst verwertende Wert, Geld heckendes Geld, und trägt es in dieser Form keine Narben seiner Entstehung mehr … Es verdreht sich auch dies: Während der Zins nur ein Teil des Profits ist, d.h. des Mehrwerts, den der fungierende Kapitalist dem Arbeiter auspresst, erscheint jetzt umgekehrt der Zins als die eigentliche Frucht des Kapitals, als das Ursprüngliche, und der Profit, nun in der Form des Unternehmergewinns verwandelt, als bloßes im Reproduktionsprozess hinzugekommenes Accessorium und Zutat. Hier ist die Fetischgestalt des Kapitals und die Vorstellung vom Kapitalfetisch fertig.« An dieser Stelle lobt Marx wieder Luthers Scharfsicht, der »dies Eingewachsensein des Zinses in das Geldkapital« verstanden und kritisiert hat. Er zitiert deshalb einen langen Text aus dessen Vermahnung an die Pfarrherrn zu dem Trick, einen Schaden zu erdichten, um Zinsen als Wiedergutmachung zu verstecken. Was Luther als »fressendes« Kapital beschreibt, nennt Marx den Moloch (der Kindopfer fordernde Götze): »In seiner Eigenschaft als zinstragendes Kapital gehört dem Kapital aller Reichtum, der überhaupt je produziert werden kann, und alles, was es bisher erhalten hat, ist nur Abschlagszahlung an seinen all-engrossing Appetit. Nach seinen eingebornen Gesetzen gehört ihm alle Surplusarbeit, die das Menschengeschlecht je liefern kann. Moloch.« (MEW 25: 410) Aus dieser Analyse geht also hervor, dass der Waren-Geld-Kapitalfetischismus die Ausbeutung und sogar Tötung lebendiger Menschen und der Natur unsichtbar macht.

Das Reich der Freiheit

Gibt es eine Möglichkeit, den mörderischen Kapitalismus zu überwinden, und wie würde eine solche systemische Transformation denkbar sein? Schon allein die Frage zu stellen, begegnet historischen Schwierigkeiten. Nach fast jedem Vortrag wird mir entgegengehalten, dass die Alternative zum Kapitalismus, »der« Sozialismus, doch gescheitert sei. Das Faktum, dass die Form des »real existierenden« bürokratischen Sozialismus gescheitert ist, lässt sich nicht bestreiten. Die Gründe dafür können hier nicht alle erörtert werden. Sicher spielt der extreme, auch militärische Druck der kapitalistischen Mächte auf jedes entstehende sozialistische Experiment eine zentrale Rolle bei der Verhärtung und Fehlentwicklung in den verschiedenen Ländern. Kuba und Chile sind bekannte Beispiele.

Aber der wichtigste Grund ist wohl die Vorstellung, das Reich der Freiheit sei ein Ziel, das mithilfe der Konzentration von Macht an der Spitze der Gesellschaft von oben durchgesetzt werden könnte und müsste. Das beginnt schon mit der Vorstellung Lenins, eine Avantgarde könne die politische Macht erringen und dann den Kommunismus von oben durchsetzen. Dass dieser Ansatz schließlich zum Stalinismus führte, war sicher nicht notwendig, aber nicht unwahrscheinlich – was Rosa Luxemburg schon früh sah und kritisierte. Dieser Ansatz ist im Grunde eine Analogie zum Kapitalismus der Moderne, der das System mithilfe einer privaten Bürokratie, die zunehmend die politische Macht unterläuft oder übernimmt, gegen die Interessen der Bevölkerung manipuliert – nur sehr viel cleverer als die Staatsbürokratie des vergangenen Modells von Sozialismus.

Demgegenüber hat *Karl Marx* eine sehr viel komplexere Herangehensweise empfohlen. Der klassische Text dazu kann uns helfen, aus der genannten Verlegenheit auszubrechen (im 3. Band von »Das Kapital«, MEW 25: 826ff.). Er stellt zunächst die kapitalistische Produktion in den Gesamtzusammenhang der menschlichen Produktionsformen und sagt: »Wie alle seine Vorgänger, geht der kapitalistische Produktionsprozeß unter bestimmten materiellen Bedingungen vor sich, die aber zugleich Träger bestimmter gesellschaftlicher Verhältnisse sind, welche die Individuen im Prozeß ihrer Lebensreproduktion eingehn.« (ebd.: 827) Hier wiederholt er nochmal den Klassencharakter des Prozesses: »Wir sahen ferner: das Kapital – und der Kapitalist ist nur das personifizierte Kapital, fungiert im Produktionsprozeß nur als Träger des Kapitals –, also das Kapital pumpt in dem ihm entsprechenden gesellschaftlichen Produktionsprozeß ein bestimmtes Quantum Mehrarbeit aus den unmittelbaren Produzenten oder Arbeitern heraus, Mehrarbeit, die jenes ohne Äquivalent erhält, und die ihrem Wesen nach immer Zwangsarbeit bleibt, wie sehr sie auch als das Resultat freier kontraktlicher Übereinkunft erscheinen mag. Diese Mehrarbeit stellt sich dar in einem Mehrwert, und dieser Mehrwert existiert in einem Mehrprodukt.«

Sodann aber stellt er fest, dass Mehrarbeit immer nötig ist – die Frage ist nur, in welcher Form. »Mehrarbeit überhaupt, als Arbeit über das Maß der gegebnen Bedürfnisse hinaus, muß immer bleiben. Im kapitalistischen wie im Sklavensystem usw. hat sie nur eine antagonistische Form und wird ergänzt durch reinen Müßiggang eines Teils der Gesellschaft. Ein bestimmtes Quantum Mehrarbeit ist erheischt durch die Assekuranz gegen Zufälle, durch die notwendige, der Entwicklung der Bedürfnisse und dem Fortschritt der Bevölkerung entsprechende, progressive Ausdehnung des Reproduktionsprozesses, was vom kapitalistischen Standpunkt aus Akkumulation heißt.« Die Gründe, die er für die Notwendigkeit der Mehrarbeit angibt, sind zweigeteilt: antagonistische und sinnvolle. Im kapitalistischen und Sklavensystem kann der herrschende Teil der Bevölkerung den Müßiggang pflegen auf Kosten der arbeitenden Klasse. Oder – man muss die Vorstellung der frei assoziierten Bevölkerung hier vorwegnehmen – die Mehrarbeit dient der Vorsorge für unvorhergesehene Zufälle, also z.B. einer schlechten Ernte, und Fortschritten im Wohlstand.

Interessanterweise gibt Marx an dieser Stelle dem Kapital eine bessere Note als den vorangehenden Produktionsformen der Sklaverei und Leibeigenschaft. Denn es hat die zivilisatorische Kraft der Entwicklung der Produktivkräfte, die entsprechend für den gesellschaftlichen Fortschritt genutzt werden kann, wenn die kapitalistische Produktionsform überwunden wird: »Es führt so einerseits eine Stufe herbei, wo der Zwang und die Monopolisierung der gesellschaftlichen Entwicklung (einschließlich ihrer materiellen und intellektuellen Vorteile) durch einen Teil der Gesellschaft auf Kosten des andern wegfällt; andrerseits schafft sie die materiellen Mittel und den Keim zu Verhältnissen, die in einer höhern Form der Gesellschaft erlauben, diese Mehrarbeit zu verbinden mit einer größern Beschränkung der der materiellen Arbeit überhaupt gewidmeten Zeit.« (ebd.)

Das heißt also: Die Klassenherrschaft muss und kann überwunden und die Arbeitszeit verkürzt werden. Dies ist aber zu verbinden mit der Erhöhung der Produktivität: »Sodann aber hängt es von der Produktivität der Arbeit ab, wieviel Gebrauchswert in bestimmter Zeit, also auch in bestimmter Mehrarbeitszeit hergestellt wird. Der wirkliche Reichtum der Gesellschaft und die Möglichkeit beständiger Erweiterung ihres Reproduktionsprozesses hängt also nicht ab von der Länge der Mehrarbeit, sondern von ihrer Produktivität und von den mehr oder minder reichhaltigen Produktionsbedingungen, worin sie sich vollzieht.« (ebd.: 828) Das heißt, im Zustand der fetischisierten Entfremdung sind bereits Elemente der Emanzipation verborgen, die bewusst zu machen sind.

Auf dieser Basis wird dann die Perspektive eines *»Reiches der Freiheit«* möglich – aber nicht in totalisierter Form, sondern jeweils relativ zu den realen Möglichkeiten. Hier der Schlüsseltext: »Das Reich der Freiheit beginnt in der Tat erst da, wo das Arbeiten, das durch Not und äußere Zweckmäßigkeit bestimmt ist, aufhört; es liegt also der Natur der Sache nach jenseits der Sphäre der eigentlichen materiellen Produktion. Wie der Wilde mit der

Natur ringen muß, um seine Bedürfnisse zu befriedigen, um sein Leben zu erhalten und zu reproduzieren, so muß es der Zivilisierte, und er muß es in allen Gesellschaftsformen und unter allen möglichen Produktionsweisen. Mit seiner Entwicklung erweitert sich dies Reich der Naturnotwendigkeit, weil die Bedürfnisse; aber zugleich erweitern sich die Produktivkräfte, die diese befriedigen. Die Freiheit in diesem Gebiet kann nur darin bestehn, daß der *vergesellschaftete Mensch, die assoziierten Produzenten*, diesen ihren Stoffwechsel mit der Natur rationell regeln, unter ihre gemeinschaftliche Kontrolle bringen, statt von ihm als von einer blinden Macht beherrscht zu werden; ihn mit dem geringsten Kraftaufwand und unter den, ihrer menschlichen Natur würdigsten und adäquatesten Bedingungen vollziehn. Aber es bleibt dies immer ein Reich der Notwendigkeit. Jenseits desselben beginnt die menschliche Kraftentwicklung, die sich als Selbstzweck gilt, das wahre Reich der Freiheit, das aber nur auf jenem Reich der Notwendigkeit als seiner Basis aufblühn kann. Die Verkürzung des Arbeitstags ist die Grundbedingung.« (ebd.)[26]

Enrique Dussel und Franz Hinkelammert haben diesen Text ausführlich kommentiert (Hinkelammert 1985: 58ff. sowie Dussel 2013: 144ff.). Letzterer kontrastiert den Marxschen Text mit der Engelsschen Version dieser Vision einer klassenlosen Gesellschaft. Die Frage ist, welche Rolle Friedrich Engels' Konzeption in der kommunistischen Bewegung gespielt hat und wie weit sie mitverantwortlich für deren Scheitern ist.

Was sagt Engels? »Mit der Besitzergreifung der Produktionsmittel durch die Gesellschaft ist die Warenproduktion beseitigt und damit die Herrschaft des Produkts über die Produzenten. Die Anarchie innerhalb der gesellschaftlichen Produktion wird ersetzt durch planmäßige bewußte Organisation. Der Kampf ums Einzeldasein hört auf. Damit erst scheidet der Mensch, in gewissem Sinn, endgültig aus dem Tierreich, tritt aus tierischen Da-

[26] Siehe auch die Formulierung im Kommunistischen Manifest: »An die Stelle der alten bürgerlichen Gesellschaft mit ihren Klassen und Klassengegensätzen tritt eine Assoziation, worin die freie Entwicklung eines jeden die Bedingung für die freie Entwicklung aller ist.« (MEW 4: 482)

seinsbedingungen in wirklich menschliche. Der Umkreis der die Menschen umgebenden Lebensbedingungen, der die Menschen bis jetzt beherrschte, tritt jetzt unter die Herrschaft und Kontrolle der Menschen, die nun zum ersten Male bewußte, wirkliche Herren der Natur, weil und indem sie Herren ihrer eignen Vergesellschaftung werden. Die Gesetze ihres eignen gesellschaftlichen Tuns, die ihnen bisher als fremde, sie beherrschende Naturgesetze gegenüberstanden, werden dann von den Menschen mit voller Sachkenntnis angewandt und damit beherrscht. Die eigne Vergesellschaftung der Menschen, die ihnen bisher als von Natur und Geschichte oktroyiert gegenüberstand, wird jetzt ihre eigne freie Tat. Die objektiven, fremden Mächte, die bisher die Geschichte beherrschten, treten unter die Kontrolle der Menschen selbst. Erst von da an werden die Menschen ihre Geschichte mit vollem Bewußtsein selbst machen, erst von da an werden die von ihnen in Bewegung gesetzten gesellschaftlichen Ursachen vorwiegend und in stets steigendem Maße auch die von innen gewollten Wirkungen haben. Es ist der Sprung der Menschheit aus dem Reiche der Notwendigkeit in das Reich der Freiheit.« (MEW 20: 264)

Der Unterschied zwischen Engels und Marx liegt auf der Hand. Engels nimmt an, dass die Übernahme der Produktionsmittel durch die Produzierenden die Warenproduktion einfach überwindet. Genau dies dachten auch die real-sozialistischen Regierungen, trotzdem blieben die Beziehungen zwischen den Menschen durch Waren vermittelt – in einer leicht veränderten Weise. Auch »planmäßige bewußte Organisation« wurde versucht, aber es erwies sich als Illusion, damit die volle »Herrschaft und Kontrolle« über die Natur und alle Lebensbedingungen zu erringen. Denn es ist Menschen nicht möglich, Gesellschaft und Natur »mit voller Sachkenntnis« zu beherrschen. Nie sind alle relevanten Informationen bekannt, und es gibt immer unbeabsichtigte Wirkungen. Darum gibt es keinen perfekten »Sprung der Menschheit aus dem Reich der Notwendigkeit in das Reich der Freiheit.«

Hier liegt der Schlüssel zum Verständnis des Scheiterns des »real-sozialistischen« Experiments im 20. Jahrhundert – neben den massiven Interventionen der kapitalistischen Länder.

Im Unterschied zu Engels, der die Fehler der Vergangenheit besser verstehen hilft, lehrt Karl Marx neue Perspektiven für die Zukunft, die man mit historischen Erfahrungen von Kontrastgesellschaft anreichern kann. Angesichts der Tatsache, dass inzwischen unabweisbar ist, dass der Kapitalismus ebenfalls nicht in der Lage ist, den Stoffwechsel zwischen Menschen und Natur überlebensfähig zu organisieren – ganz abgesehen von den katastrophalen Folgen für die Mehrheit der Weltbevölkerung –, bietet Marx mit seiner Methode und seinem Ansatz sowohl Analysemöglichkeiten für das Verstehen des Status quo als auch Perspektiven der Transformation. Wenn das »Reich der Freiheit« kein erreichbares Ziel ist, wozu dient es denn? Es hat zwei zentrale Funktionen:

1. Das Reich der Freiheit zeigt, was unter kapitalistischen Bedingungen fehlt, was abwesend ist.

2. Das Reich der Freiheit zeigt, woraufhin Gesellschaft transformiert werden muss. Es ist eine regulative Idee.

Zu 1: Alles, was wir an negativen Auswirkungen der Warenbeziehungen unter der Herrschaft des Geldes im kapitalistischen System erfahren und beobachtet haben – Ausbeutung und Überflüssigmachung der Arbeitenden, Hungertod von Millionen bei ausreichenden Ernährungsmöglichkeiten, ökologische Desaster usw. –, wird in seinen systemischen Zusammenhängen analytisch erst deutlich, wenn wir es an den Kriterien der freien Assoziierung der Arbeitenden messen. Denn dadurch würden z.B. die Produktivitätsgewinne nicht allein in das Kapital abgesogen und in Finanzspekulationen fließen, sondern in Arbeitszeitverkürzung und ökologische Investitionen.

Zu 2: Marx stellt sich nicht vor, dass Menschen das Reich der Notwendigkeit hinter sich lassen und in das Reich der Freiheit als realisiertes »springen« können. »Das Reich der Freiheit erscheint also als ein Horizont möglichen menschlichen Handelns, und daher spricht Marx selbst davon als von einem Jenseits des Produktionsprozesses. Das Reich der Freiheit kann nur in dem Maße erblühen, wie es die Entwicklung des Reichs der Notwendigkeit erlaubt ... Der qualitative Wandel, den Marx vorschlägt, bezieht sich auf das Reich der Freiheit. Es geht darum, den Austausch unter den Menschen und mit der Natur unter gemeinsamer Kontrolle zu regeln, so dass die Gesetze der Notwendigkeit sich nicht in eine blinde Macht verwandeln, die sich gegen das Leben der Produzenten selbst richtet, und damit die Menschen sich dieser Gesetze mit Vernunft und Würde bedienen können. Insgesamt geht es darum, allen Produzenten die Möglichkeit zu geben, sich durch ihre Arbeit ein würdiges Leben zu verdienen.« (Hinkelammert 1985: 61) Mit einem Wort: Es geht darum, was Rosa Luxemburg mit dem Wort Realutopie bezeichnete (siehe hierzu Brie 2015). Im Prozess der Transformation müssen jeweils Formen des Zusammenlebens gefunden werden, die die Arbeitenden als Subjekte so assoziieren, dass sie als einzelne in Gemeinschaften die Kontrolle über die Produktions- und Distributionsverhältnisse haben.[27] Dabei können alle geschichtlichen Erfahrungen von »Kontrastgesellschaft« von Nutzen sein, wie auch Gramsci weiß.[28]

Franz Hinkelammert weist darauf hin, dass mit dieser Kombination von Fetischismustheorie und der Perspektivität des Reiches der Freiheit Marx auch seinen ursprünglichen religionskritischen Ansatz modifiziert (Hinkelammert 1985: 62ff.). In seinen Pariser ökonomisch-philosophischen Manuskripten hatte Marx, ausgehend von Adam Smith und diesen mit Hegel dialektisch kritisierend (siehe Fay 1986), den Kommunismus als Aufhebung des Privateigentums und damit vollkommene Rückkehr des entfremdeten Menschen zu sich selbst als Gattungswesen beschrieben (MEW 40: 530-536).

Sodann fährt er fort: Wie Luther die Religion verinnerlichte, habe Smith die Arbeit als das subjektive Wesen des Privateigen-

---

[27] Marx gibt dafür ein Beispiel in den »Grundrissen«: Eine Bank kann entweder als Despot agieren oder »sie wäre in der Tat nichts als ein board, was für die gemeinsam arbeitende Gesellschaft Buch und Rechnung führte. Die Gemeinsamkeit der Produktionsmittel ist vorausgesetzt« (MEW 42: 89). Diesen Hinweis und den auf Gramsci in der nächsten Fußnote verdanke ich Christoph Lieber.

[28] Gramsci sieht in der Religion ein mobilisierendes Element als »Weltauffassung, die zu einer kulturellen Bewegung, einer Religion, einem Glauben geworden ist, d.h., die eine praktische Aktivität und ei-

tums erkannt. Aber – so Marx' dialektischer Schluss – im Rahmen des Privateigentums werden in der kapitalistischen Industrie gerade die Arbeitenden menschenfeindlich und zynisch ausgebeutet und sogar ihr Leben ständig gefährdet. Diese Entfremdung wird nach seiner damaligen Meinung im Kommunismus vollständig aufgehoben: »Der *Kommunismus* als *positive* Aufhebung des *Privateigentums* als *menschlicher Selbstentfremdung* und darum als wirkliche *Aneignung* des *menschlichen* Wesens durch und für den Menschen; darum als vollständige, bewußt und innerhalb des ganzen Reichtums der bisherigen Entwicklung gewordne Rückkehr des Menschen für sich als eines *gesellschaftlichen,* d. h. menschlichen Menschen. Dieser Kommunismus ist als vollendeter Naturalismus = Humanismus, als vollendeter Humanismus = Naturalismus, er ist die *wahrhafte* Auflösung des Widerstreites zwischen dem Menschen mit der Natur und mit dem Menschen, die wahre Auflösung des Streits zwischen Existenz und Wesen, zwischen Vergegenständlichung und Selbstbestätigung, zwischen Freiheit und Notwendigkeit, zwischen Individuum und Gattung. Er ist das aufgelöste Rätsel der Geschichte und weiß sich als diese Lösung.« (ebd.: 536)

Diese Anschauung von einem perfekten Endzustand nimmt Marx im dritten Band des »Kapital« zurück und kennt nur Annäherungen, aber keine definitive Lösung mehr. Da sein damaliges Vertrauen auf einen perfekten Endzustand aber auch die Voraussetzung für die Religionskritik des jungen Marx war, ist mit der neuen transzendentalen Fassung des »Reichs der Freiheit« auch die Basis für eine neue Beziehung zur Religion gegeben. »Die Fetischismusanalyse veranlasste Marx zur Veränderung seiner Position. Da er das Reich der Freiheit in ökonomischen Begriffen dachte, musste er sich mit dem Problem seiner Machbarkeit konfrontieren; und er kommt zu dem Schluss, dass das Reich der Freiheit als Projekt jede menschliche Machbarkeit für alle Zukunft übersteigt. So ersetzt er schließlich implizit seine vorherige Religionskritik durch eine Kritik des Fetischismus. Und diese

---

nen Willen hervorgebracht hat …« (Gramsci 1994, Heft 11, § 12; Bd. 6: 1379); vgl. auch Steckner.

ist nicht mehr Kritik der Religion, sondern die Methode zur Unterscheidung zwischen fetischisierender Transzendentalität und vermenschlichter Transzendentalität.« (Hinkelammert 1985: 63)

Ich hatte eingangs zu Marx' früher Religionskritik Jan Rehmann zitiert. Er hatte vorgeschlagen, dass man Marx' »apodiktische Definition in einen Bedingungssatz umformulieren (muss): die Religion wirkt als Opium, *wenn* sie nicht mit kritischer Gesellschaftsanalyse verbunden ist.

Das heißt aber umgekehrt: auch *religiös* inspirierte Bewegungen können die illusorische und zugleich lähmende Eigenschaft religiösen ›Opiums‹ überwinden, wenn es ihnen gelingt, den ›Seufzer der bedrängten Kreatur‹ mit fundierter Kapitalismuskritik und einer ›revolutionären Realpolitik‹ (Luxemburg) zu verbinden.« Was wir an Marx' Rücknahme der perfekten Realisierbarkeit des Reiches der Freiheit im »Kapital« sehen konnten, zeigt, dass der späte Marx selbst einer solchen Umformulierung seiner Religionskritik vom Apodiktischen ins Konditionale zustimmen können müsste.

Dies hat weitreichende Konsequenzen nicht nur für eine neue Auffassung von Sozialismus und Religion, sondern auch für Strategien zur Überwindung der kapitalistischen Zivilisation. Ehe wir uns im Ausblick diesen Zukunftsfragen zuwenden, halten wir fest: Während Friedrich Engels an Luther vor allem sein Versagen im Bauernkrieg kritisiert, knüpft Karl Marx vielfach an Luther als »ersten deutschen Nationalökonom« an – obwohl auch er die Religion in seinen frühen Werken apodiktisch kritisiert und die Reformation nur als richtiges Stellen der Frage, nicht als richtige Antwort sehen kann.

Faktisch nimmt er aber Luthers Beitrag zur Arbeitswertlehre, zur Kritik des Kapitalismus als Religion sowie seine systemische Kritik des Kaufmanns- und Wucherkapitals auf. Interessant sind Friedrich Dieckmanns Überlegungen, ob nicht sogar der DDR-Sozialismus viel näher an Luthers Aufrufen zur planenden und sozialen Intervention in den Markt dran war, als seine Protagonisten wahrgenommen haben (Dieckmann 2016: 30ff.). Was aber Marx weit über Luther hinaus geleistet hat, ist die Bereitstellung eines methodischen Instrumentariums zur Analyse des industriellen Kapitalismus bis hin zu dessen gegenwärtigen Formen im Finanzkapitalismus.

Insofern muss das gesellschaftliche und kirchliche Tabu gebrochen werden, mit dem versucht wird, Karl Marx aus dem Bewusstsein zu drängen und angesichts des Zusammenbruchs des bürokratischen Sozialismus für erledigt zu erklären. Dieses Tabu hat mit zweierlei zu tun. Erstens missverstehen religiöse Menschen häufig Marx' Religionskritik. Sie sehen nicht, dass er die damals real existierenden Religionen dafür kritisiert, sich dem Kapitalismus total angepasst zu haben. Sie sehen auch nicht, dass seine Gegenposition identisch ist mit der der Propheten, der Tora, Jesu und Paulus, dass nämlich der Mensch Kriterium des Handelns sein muss, nicht das Geld.

Zweitens hat das Tabu mit dem Fetischismus selbst zu tun. Denn dieser hat die zentrale Funktion, die Aufdeckung der Realität zu verhindern und illusionäres Bewusstsein zu produzieren. Die Realität holt uns aber mindestens seit der Einführung des Neoliberalismus Ende der 1970er Jahre immer massiver ein. Damals sagte mir ein afrikanischer Freund: »Der Westen verhält sich so, als ob er beweisen wolle, dass Marx Recht hat.« Darum sollte das Tabu, das selbst beim Aussprechen des Wortes »Kapitalismus«, gar nicht zu reden von Marx, vorherrscht, in Gesellschaft und Kirche gebrochen werden. Mit den Erkenntnissen des späten Marx lässt sich sogar unter Aufnahme von Rosa Luxemburg und Antonio Gramsci ein neuer »Annäherungs-Sozialismus von unten« entwickeln – der auch religiöse BündnispartnerInnen nicht verschmähen müsste. Denn in der Tradition der Achsenzeitreligionen und Philosophien hat es nicht nur wichtige theoretische Erkenntnisse gegeben, sondern auch praktische Experimente mit Kontrastgesellschaften. Umgekehrt würden die Versuche, im Bemühen um eine gerechtere Welt diese Traditionen befreiungstheologisch aufzugreifen, ohne die analytischen Instrumente von Karl Marx im Nebel stochern. Wir wenden uns damit den heutigen Möglichkeiten befreiender Theologie und Religion zu.

Kapitel 5
Die interreligiöse Verwerfung der kapitalistischen Zivilisation und Papst Franziskus

»Diese Wirtschaft tötet«
Papst Franziskus

Biblisch-theologische Religionskritik und die Kairostheologie

Wer Karl Marx unbefangen liest, wird erstaunt darüber sein, dass seine gesamte Sprache durchtränkt ist von biblischer Sprache, biblischen Bildern und prophetischem Gerechtigkeitsimpuls (vgl. Buchbinder 1976 und Monz 1995). Das ist aber gar nicht verwunderlich, wenn man weiß, dass Religions- als *Götzenkritik in der Bibel* eine zentrale Rolle spielt (vgl. Duchrow 2010). Die biblische und die Marxsche Religionskritik wären nicht nur kompatibel, sondern letztere gründete auf ersterer.

Was bedeutet es dann aber, dass Marx dieser Frage keine weitere Aufmerksamkeit schenkt, sondern annimmt, dass die Religion einfach absterben wird, sobald die gesellschaftlichen Bedingungen so gestaltet sein werden, dass der Mensch kein erniedrigtes und geknechtetes Wesen mehr ist?

Franz Hinkelammert (2007: 445ff.) hält dies für einen Fehlschluss von Marx. Dieser nahm an, dass nach der erledigten Kritik der himmlischen Götter nur noch die Kritik der irdischen Götter zu leisten sei. Das führte ihn zur Kritik des Fetischismus der Waren, des Geldes und des Kapitals. »Tatsächlich aber lassen sich die irdischen Götter, gegen die sich die Kritik von Marx richtet, weiterhin und vielleicht heute mehr als früher von himmlischen Göttern begleiten, so dass die Notwendigkeit einer Kritik der Religion ganz offensichtlich weiterbesteht.« (ebd.: 446) Hinkelammert verweist auf Reagan und die Bushs, die ohne den Fundamentalismus der christlichen Rechten weder die Stimmenmehrheit noch auch Legitimität für ihre neoliberal-imperialistische Politik hätten erlangen können. Das Gleiche gilt für die generelle Globalisierungsstrategie des Kapitals.

Aber auch auf der *subjektiven Seite* stehen sich offenbar eine »Spiritualität des Menschlichen«, ausgehend von dessen Körperlichkeit, und eine Spiritualität der Unterdrückung gegenüber. Man könnte sogar die Frage stellen, ob nicht die Leerstelle bei Marx, was die Gottesfrage betrifft, einer der Hauptgründe war, im Realsozialismus wieder die ökonomische, politische und ideologische Macht bei einer Elite zu konzentrieren – bis hin zum Stalinismus. Offenbar lässt sich das kritische Marxsche Paradigma nur durchhalten, wenn immer wieder, »aus den jedesmaligen wirklichen Lebensverhältnissen«, die Frage gestellt wird: »Welcher Gott regiert eigentlich?«, »Wer oder was funktioniert als Gott in einer Gesellschaft«? (Ton Veerkamp). Offenbar werden Gesellschaften immer von letzten Verbindlichkeiten bestimmt – die Frage ist nur, ob der Bezugspunkt dieser Verbindlichkeiten (von einigen »Gott« genannt) befreiend oder knechtend wirkt.

Diese Frage hat aber auch eine subjektive Seite. Der brasilianische Befreiungstheologe Frei Betto stellte nach dem Zusammenbruch des Staatssozialismus die Frage nach den Gründen für dieses Scheitern. Einen zentralen Grund sieht er darin, dass dieser Sozialismus den Menschen nur als Vernunft und Wille wahrgenommen hatte. Vernachlässigt wurde das, was er die ästhetische Dimension nennt. Menschen haben in sich den Wunsch, sich selbst und das Vorgegebene zu transzendieren. Man könnte dies auch Spiritualität nennen – nicht die bürgerliche des individualistischen Heilsegoismus, sondern die, die David Jenkins und M.M. Thomas die »Spiritualität des Kampfes« (ÖRK 1975: 250) nannten und Dietrich Bonhoeffer in die Formel »Gebet und Tun des Gerechten« fasste. In Hegels Worten: »Zuletzt die Idee, die alle vereinigt, die Idee der *Schönheit*, das Wort in höherem platonischen Sinne genommen. Ich bin nun überzeugt, daß der höchste Akt der Vernunft, der, indem sie alle Ideen umfaßt, ein ästhetischer Akt ist und daß *Wahrheit und Güte nur in der Schönheit* verschwistert sind.« (Hegel 1979; diesen Hinweis verdanke ich Christoph Lieber) Weil der Staatssozialismus hier ein Vakuum hatte, konnten die Surrogate des Kapitalismus dieses Vakuum füllen.[29]

Noch radikaler formuliert der buddhistische Ökonom Karl-Heinz Brodbeck (2012: 564ff.) diese Frage. Er kritisiert und radikalisiert die Fetischismustheorie von Karl Marx dahingehend, dass dieser sich durch den reduktionistischen Materialismus selbst verbirgt, dass die Geld-Eigentumswirtschaft nicht nur die objektiven Strukturen der menschlichen Gesellschaft, sondern das Subjektsein aller Menschen verändert hat. Sie werden nicht nur vom Rücken her gesteuert, sondern alle ordnen sich dem kalkulierenden Geldsubjekt unter, weil sie es selbst internalisiert haben und ihr sich transzendieren wollendes Ich in das »mehr Geld haben Wollen« transformiert hat. Nur dadurch können die, die den Geldsektor beherrschen – heute die Finanzmärkte –, die technische, die bedürfnisbezogene und produzierende Ebene beherrschen. Zum König gehören die den König als König anerkennenden Untertanen. Will man das System verändern, müssen sich gleichzeitig die Menschen in ihrem Bewusstsein ändern – und dies ist nicht nur Überbau, sondern konstitutives Element in dem gesamten sozialen Prozess.

Sowohl im Blick auf die objektive gesellschaftliche Situation wie auch im Blick auf die subjektive Seite einer sich selbst transzendieren wollenden Spiritualität stellt deshalb die Befreiungstheologie in jeder Situation die *Frage nach »Gott oder Götze«*. Dabei stützt sie sich auf die jüdisch-christliche Tradition, für die Gott selbst den Menschen zum höchsten Wesen für den Menschen macht. »Es ist der Gott, in dessen Namen Erzbischof Romero von San Salvador einen Satz von Irenäus von Lyon aus dem II. Jahrhundert reinterpretierte: gloria dei, vivens homo (Die Ehre Gottes ist es, dass der Mensch lebt). Es ist ein Gott der Kooperation, ein Komplize der menschlichen Emanzipation.« (Hinkelammert 2007: 447f.) Dabei geht es primär um die Frage nach den Bedingungen der Möglichkeit des Lebens selbst, aber in zweiter Linie auch um das gute Leben. Entsprechend steht im Blick

[29] Wie dies im Marketing bewusst eingesetzt wird, lässt sich in einem zynischen Buch nachlesen (Bolz/Bosshart 1995).

auf den gesellschaftlichen Kampf für eine »Welt, in der alle Platz haben«, die Solidarität des Kampfes an erster Stelle. Aber für die Qualität der neuen Gemeinschaft bedarf es einer Gestaltung der Beziehungen, in denen der jeweils andere Mensch als unverfügbares Gegenüber gewürdigt wird, nicht nur als Kampfgenosse.

Auf dieser Basis stellt Franz Hinkelammert fest, dass heute in den Befreiungsbewegungen atheistischer und religiöser Humanismus nebeneinanderstehen – »auf der Basis der Anerkennung, dass beide Formen des Humanismus möglich sind und keine ausschließlichen Anspruch haben kann« (ebd.: 448). Wohlgemerkt: Den kritischen Rahmen für diese Kompatibilität im Kontext des Kapitalismus hat Marx selbst ausgearbeitet, freilich ohne die Gott-Götze-Frage als permanente kritische Frage offen zu halten.

Die Frage der *Religionskritik auf biblischem Grund* ist in der jüngeren Geschichte der christlichen Kirchen vor allem auf dem Hintergrund dreier Entwicklungen erfolgt: den Versuchen, bekennende Kirchen zu entwickeln (status confessionis), der Kairostheologien und der Befreiungstheologien. Die inzwischen gebräuchlichsten Kategorien dafür hat das südafrikanische *Kairos-Dokument* (1985) bereitgestellt. Es unterscheidet zwischen Staatstheologie, Kirchentheologie und prophetischer Theologie. In der Kritik der *Staatstheologie* wird bereits das Ineinandergreifen von Staat und Kapital thematisiert. Deshalb müsste man sie besser »Staats-/Kapitaltheologie« nennen. Sie »ist ganz einfach die theologische Rechtfertigung des Status quo, der Rassismus, Kapitalismus und Totalitarismus in sich vereint. Sie segnet die Ungerechtigkeit, macht den Willen der Machthaber zur alleinigen Richtschnur und verurteilt die Armen zu Passivität, Gehorsam und Apathie.« Deshalb beruft sich das Kairos-Dokument auf Apg 5, 29: »Man muss Gott mehr gehorchen als den Menschen« und sagt: »Der Gott des südafrikanischen Staates ist nicht nur ein Götze oder falscher Gott, es ist der Teufel in der Maske des Allmächtigen Gottes – der Antichrist.«

Kirchentheologie nennt das Kairos-Dokument eine Theologie, die »Friede«, »Versöhnung«, »Gerechtigkeit« im Sinn von Reformismus und »Gewaltfreiheit« des Widerstandes predigt in einer Situation, in der das herrschende System an sich unreformierbar ist und die herrschende Schicht es mit allen Mitteln der Gewalt verteidigt. Kirchentheologie betreibt passive Anpassung an die herrschenden Mächte, indem sie beim Kampf für Gerechtigkeit die notwendigen Konflikte mit diesen unterdrückt oder zumindest ausspart.

Man muss sich darüber klar sein, dass dies die mehrheitliche Position nicht nur der weißen Kirchen in Südafrika, sondern auch in den USA und Europa war und ist. Allerdings nahm die Kraft der Basisbewegungen innerhalb der Kirchen gegen die Apartheid von Jahr zu Jahr zu.

Auf dem Weg zu einer »prophetischen Theologie« geht es darum, klar Stellung zu beziehen. Eine solche Theologie setzt eine soziale Analyse der »Zeichen der Zeit« (Mt 16, 3) voraus. Dabei wird deutlich, dass es um antagonistische Interessen geht: Die einen, die Weißen, wollen ihren Reichtum und ihre Privilegien um jeden Preis verteidigen und wählen dazu die Unterdrückung. Die anderen, die schwarze Bevölkerung, wird ausgebeutet und unterdrückt. Man hat das damalige Südafrika den Mikrokosmos des kapitalistischen Weltsystems genannt. Zugleich mit der Analyse bedarf es einer soliden biblischen Begründung. Einerseits wird untersucht, wie in der Bibel mit Unterdrückung umgegangen wird, andererseits, wie Gott und Jesus sich mit den Armen identifizieren. Sogar die Feindesliebe kommt zu ihrem Recht, insofern eine gerechte Regierung sich für das Wohl *aller* einsetzen würde. So ist die Religionskritik an Staats-/Kapital- und Kirchentheologie eine erste wichtige Form der Religionskritik unter heutigen Bedingungen.

Bekennende Ökumene

Schon im Kampf gegen die Apartheid in Südafrika wurde die Frage der prophetischen Theologie noch verschärft durch die Anknüpfung an die *Bekennende Kirche* im Nationalsozialismus. Im Jahr 1977 erklärte der Lutherische Weltbund (LWB) in seiner Vollversammlung in Dar-es-Salaam die Apartheid zur Bekenntnisfrage (status confessionis) (ausführlich erläutert in Duchrow 1980). Der Begriff *Status Confessionis* stammt aus der Konkordienformel, der letzten Bekenntnisschrift der lutherischen Kirche aus dem Jahr 1577. Er wurde von Bonhoeffer angesichts der Judenverfolgung im Bekenntniskampf gegen die Deutschen Christen und den Nationalsozialismus wiederentdeckt und weiterentwickelt. Der Reformierte Weltbund (RWB) folgte dem Beispiel des LWB, er erklärte die Apartheid auf seiner Vollversammlung 1982 zur Häresie und suspendierte die Mitgliedschaft der weißen reformierten Kirchen Südafrikas. Das Gleiche tat der LWB 1984, nachdem die lutherischen weißen Kirchen nicht bereit waren, die Bekenntniserklärung von 1977 anzuerkennen.

Anschließend an diese Kämpfe beschloss die Vollversammlung des Ökumenischen Rats der Kirchen (ÖRK) 1983 in Vancouver den *»konziliaren Prozess* gegenseitiger Verpflichtung für Gerechtigkeit, Frieden und die Bewahrung der Schöpfung«. In den Programmrichtlinien hieß es zu den Arbeitsschwerpunkten für die nächsten Jahre: »Die Mitgliedskirchen in einen konziliaren Prozeß gegenseitiger Verpflichtung (Bund) für Gerechtigkeit, Frieden und die Bewahrung der ganzen Schöpfung einzubinden, sollte einen Arbeitsschwerpunkt der ÖRK-Programme bilden. Die Grundlage dieses Schwerpunktes sollten das Bekenntnis zu Jesus Christus als Leben der Welt und christlicher Widerstand gegen die dämonischen Mächte des Todes in Rassismus, Sexismus, wirtschaftlicher Ausbeutung, Militarismus und im Mißbrauch von Wissenschaft und Technologie sein.« (ÖRK 1983: 261f.)

Dieser Konziliare Prozess hatte ein großes Echo auf allen Ebenen der Kirchen bis heute und stellte im Kern bereits die Frage nach einem status confessionis angesichts der Verheerungen durch den imperialen Kapitalismus, seit er in den 1980er Jahren zum Neoliberalismus übergegangen war (vgl. Duchrow 2008).

Es war aber nicht der Ökumenische Rat, der diesen Ansatz weiterführte, sondern zunächst der *Reformierte Weltbund*. Schon in den 1980er Jahren hatte der Sozialethiker der Evangelisch-Theologischen Fakultät der Karls-Universität in Prag, Milan Opocenský, meine Frage aufgegriffen, ob nicht die kapitalistische Weltwirtschaft als Bekenntnisfrage zu behandeln sei, die von den Kirchen ein klares »Nein« erfordere (Duchrow 1987). Er organisierte in Prag mehrere Treffen zu dieser Frage mit VertreterInnen der »Radikalen Reformation«. Als er 1989 zum Generalsekretär des Reformierten Weltbundes gewählt wurde, machte er diese Frage zum Zentrum seiner Amtszeit und entwickelte zusammen mit dem koreanischen Theologen Park, Seong-Won einen Bekenntnisprozess, den processus confessionis, angesichts wirtschaftlicher Ungerechtigkeit und Naturzerstörung. Zwischen 1998 und 2000 schlossen sich der ÖRK und LWB diesem Prozess an.

Als erster entwickelte der *Lutherische Weltbund* in seiner Vollversammlung in Winnipeg 2003 eine Erklärung zur Globalisierung und stellte darin fest: »In unseren vielfältigen Lebenssituationen sind wir alle mit denselben negativen Konsequenzen neoliberaler Wirtschaftspolitik (dem sog. ›Washington Consensus‹) konfrontiert, die zu wachsender Not, vermehrtem Leid und grösserem Unrecht in unseren Gemeinschaften führen. Als Communio müssen wir der falschen Ideologie der neoliberalen wirtschaftlichen Globalisierung so begegnen, dass wir dieser Realität und ihren Auswirkungen Widerstand entgegensetzen, sie grundlegend umwandeln und verändern. Diese falsche Ideologie gründet auf der Annahme, dass der auf Privateigentum, ungezügeltem Wettbewerb und der unabänderlichen Geltung von Verträgen aufgebaute Markt das absolute Gesetz ist, das das menschliche Leben, die Gesellschaft und die Umwelt beherrscht. Hier handelt es sich um Götzendienst. Er führt dazu, dass die, die kein Eigentum besitzen, systematisch ausgeschlossen werden, die kulturelle Vielfalt zerstört wird, instabile Demokratien demontiert werden und die Erde verwüstet wird.« (LWB 2003: 20-22 und Kairos Europa 2005)

Dieser Beschluss ist bemerkenswert, weil er bereits die entscheidenden Elemente enthält: Ausgehend vom Leid der Menschen erklärt er den Neoliberalismus, der Eigentum und Markt absolut setzt, zu Götzendienst und fordert Widerstand und Transformation.

Ein Jahr später, im Jahr 2004, folgte die Generalversammlung des *Reformierten Weltbundes* und verabschiedete das Accrabekenntnis, bis heute die klarste kirchliche Absage an den imperialen Kapitalismus (RWB 2004 und Kairos Europa 2005). Darin heißt es:

»11. ... Als Wahrheits- und Gerechtigkeitssuchende, die sich die Sichtweise der Machtlosen und Leidenden zu Eigen machen, sehen wir, dass die gegenwärtige Welt-(Un)Ordnung auf einem außerordentlich komplexen und unmoralischen Wirtschaftssystem beruht, das von (einem) Imperium verteidigt wird. Unter dem Begriff ›Imperium‹ verstehen wir die Konzentration wirtschaftlicher, kultureller, politischer und militärischer Macht zu einem Herrschaftssystem unter der Führung mächtiger Nationen, die ihre eigenen Interessen schützen und verteidigen wollen ...

18. Wir glauben, dass Gott über die ganze Schöpfung regiert. ›Die Erde ist des Herrn und was darinnen ist‹ (Ps 24, 1).

19. Darum sagen wir Nein[30] zur gegenwärtigen Weltwirtschaftsordnung, wie sie uns vom globalen neoliberalen Kapitalismus aufgezwungen wird. ... Wir weisen jeden Anspruch auf ein wirtschaftliches, politisches und militärisches Imperium zurück, das Gottes Herrschaft über das Leben umzustürzen versucht, und dessen Handeln in Widerspruch zu Gottes gerechter Herrschaft steht. ...

21. Darum sagen wir Nein zur Kultur des ungebändigten Konsumverhaltens, der konkurrierenden Gewinnsucht und zur Selbstsucht des neoliberalen globalen Marktsystems oder jedes anderen Systems, das von sich behauptet, es gäbe keine Alternative ...

23. Darum sagen wir Nein zur unkontrollierten Anhäufung von Reichtum und zum grenzenlosen Wachstum, die schon jetzt das Leben von Millionen Menschen gefordert und viel von Gottes Schöpfung zerstört haben.«

Dies ist nur ein kleiner Ausschnitt aus diesem historischen Dokument, das bis heute in der Weltgemeinschaft Reformierter Kirchen und der ökumenischen Basis weltweit eine zentrale Rolle

[30] »Sagen wir nein zu« bedeutet eigentlich »verwerfen« (im Englischen Original steht deshalb »reject« im Rückgriff auf die Barmer Theologische Erklärung von 1934). Aber deutsche Delegierte wollten das verwischen und bestanden auf der verschleiernden Übersetzung.

spielt. Insbesondere die Verbindung von Kapitalismus und Imperialismus ist sonst nirgends so klar thematisiert.

Der *Ökumenische Rat der Kirchen* wurde von Deutschen, Schweizern und anderen stark unter Druck gesetzt, diesen Weg des klaren Bekenntnisses nicht zu gehen. Bei der Vollversammlung in Porto Alegre wich man deshalb auf die liturgische Form eines Aufrufs aus (ÖRK 2006 und Kairos Europa 2005). Auch auf der Vollversammlung in Busan/Korea Anfang November 2013 wählte man einen verschlüsselten Weg, indem man die klare Absage an den imperialen Kapitalismus in verschiedenen vorher erarbeiteten Dokumenten versteckte, die dann bei der Vollversammlung angenommen wurden (die relevanten Texte sind zusammengestellt in Kairos Europa 2013). Aber immerhin, nun kann man diese deutlichen Texte zitieren.

Ein ganz erstaunliches Dokument darunter ist die neue 2. Missionserklärung des ÖRK (2012a), wo es in Paragraf 108 heißt: »Wir bekräftigen, dass die Ökonomie Gottes auf den Werten der Liebe und der Gerechtigkeit für alle basiert und dass die verwandelnde Mission sich dem Götzendienst in der freien Marktwirtschaft widersetzt. Die wirtschaftliche Globalisierung hat den Gott des Lebens durch Mammon ersetzt, den Gott des freien Marktkapitalismus, der die Macht für sich beansprucht, die Welt durch die Anhäufung unmäßigen Reichtums und Wohlstands zu retten. Mission in diesem Kontext muss eine Gegenkultur vorleben und Alternativen zu solch götzendienerischen Visionen anbieten, denn die Mission gehört dem Gott des Lebens, der Gerechtigkeit und des Friedens und nicht diesem falschen Gott, der Mensch und Natur Leid und Elend bringt. Aufgabe der Mission ist es somit, die Ökonomie der Habgier anzuprangern und die göttliche Ökonomie der Liebe, des Miteinanderteilens und der Gerechtigkeit zu praktizieren.«

Wieder wird der freie Markt als Götze qualifiziert, die Entscheidung zwischen Gott und Mammon und die Mission als Gegenkultur und Aufbau einer alternativen Wirtschaft im Gegenzug zur Ökonomie der Habgier gefordert. Die Frage der Gier war in Konferenzen mit Buddhisten und Muslimen besprochen und dann in einer Studie gründlich untersucht worden, die ebenfalls in Busan zum Abschluss kam. Sie wurde aufgenommen in dem Dokument der Abteilung für wirtschaftliche Gerechtigkeit unter dem Titel »Ökonomie des Lebens, Gerechtigkeit und Frieden für alle: ein Aufruf zum Handeln« (ÖRK 2012b):

»10. Wir erkennen die fatale Verflechtung der globalen finanziellen, sozioökonomischen, klimatischen und ökologischen Krisen, die an vielen Orten auf der Welt einhergehen mit dem Leiden der Menschen und ihrem Kampf ums Leben. Die weitreichende Marktliberalisierung, Deregulierung und uneingeschränkte Privatisierung von Gütern und Dienstleistungen beuten die gesamte Schöpfung aus, zerstören soziale Programme und Dienste und eröffnen Wirtschaftsmärkten über Grenzen hinweg ein scheinbar grenzenloses Produktionswachstum. Unkontrollierte Finanzströme destabilisieren die Wirtschaft in einer wachsenden Zahl von Ländern weltweit. Die verschiedenen Aspekte der Klima-, Umwelt-, Finanz- und Schuldenkrisen sind gegenseitig voneinander abhängig und verstärken einander. Man kann nicht länger separat mit ihnen umgehen.

13. Habgier und Ungerechtigkeit, das Streben nach schnellem Profit, ungerechte Privilegien und kurzfristige Vorteile auf Kosten langfristiger und nachhaltiger Ziele sind die Grundursachen der verflochtenen Krisen ...

14. Der Marktfundamentalismus ist mehr als ein Wirtschaftsmodell, er ist eine gesellschaftliche und moralische Philosophie. In den letzten dreißig Jahren hat die Marktgläubigkeit auf der Grundlage ungezügelten Wettbewerbs und ausgedrückt durch das Kalkulieren und Monetarisieren aller Aspekte des Lebens die Bereiche Wissen, Wissenschaft, Technologie, öffentliche Meinung, Medien und sogar Bildung erfasst und deren Richtung bestimmt.

15. Diese Ideologie durchdringt alle Bereiche des Lebens und zerstört es von innen wie von außen, indem sie in das Leben von Familien und lokalen Gemeinschaften eindringt, in der natürlichen Umwelt und in traditionellen Lebensformen und Kulturen ein Chaos anrichtet und die Zukunft der Erde zunichtemacht. Auf diese Weise droht das vorherrschende globale Wirtschaftssystem sowohl den Bedingungen für eine friedliche Koexistenz als auch dem Leben, wie wir es kennen, ein Ende zu setzen.«

An dieser Auswahl ist besonders zu unterstreichen, dass alle Bereiche des Lebens betroffen sind. Es ist deutlich erkannt, dass die ganze Zivilisation kapitalistisch verseucht ist und umfassend das Leben bedroht. Das wird noch einmal zusammengefasst in einem weiteren Dokument, das in einer Konferenz in São Paulo vom ÖRK, der Weltgemeinschaft Reformierter Kirchen (WGRK, Nachfolgeorganisation des RWB) und Weltmissionsrat (CWM) unter dem Titel *»Umwandlung des internationalen Finanzsystems zu einer Wirtschaft im Dienst des Lebens«* formuliert und ebenfalls in der Vollversammlung in Busan angenommen wurde (WGRK 2012 und Kairos Europa 2013). Angestrebt wird eine »transformierende theologische Praxis, die der heute vorherrschenden Gesellschafts- und Wirtschaftsordnung nicht nur die Legitimität abspricht, diese verdrängt und abbaut, sondern die zugleich Alternativen aufzeigt, die auf den Erfahrungen am Rand der Gesellschaft beruhen. Es besteht von daher jedenfalls eine Aufforderung zu einer aktiven Radikalisierung unseres theologischen Diskurses, der es uns nicht mehr erlaubt, zuviel Überzeugungskraft in kapitalistische Ideologien zu investieren, deren Unfähigkeit zu einem Diskurs, der über die bekannten finanziellen und wirtschaftlichen Strukturen hinausgeht, zur Genüge bekannt ist.«

Ganz im Stil der Barmer Theologischen Erklärung von 1934 und des Accra-Bekenntnisses von 2004 wird deshalb ein klares Bekenntnis und zwar in der Struktur »Wir verwerfen ... Wir bekennen uns zu« formuliert. Zum Beispiel: »Wir verwerfen eine Wirtschaftsordnung, die auf Konsumüberangeboten und Habsucht beruht, und sind uns bewusst, wie sehr uns der neoliberale Kapitalismus psychologisch dazu verführt, immer mehr besitzen zu wollen. Im Gegensatz dazu bekennen wir uns zum christlichen und buddhistischen Begriff einer Ökonomie der Genügsamkeit.« Zusammenfassend heißt es: »Daher bemühen wir uns um die Überwindung des Kapitalismus, dessen Wesen und dessen Logik, um diesen durch ein auf weltweiter Solidarität basierendes System zu ersetzen. Wir suchen nach Alternativen, also nach einer gerechten, fürsorgenden, partizipatorischen und nachhaltigen Wirtschaftsform, einem ökonomischen Modell, das auf der Idee der Solidarität und des Miteinanderteilens der Gaben beruht. Wir bekennen, dass die entscheidende Wahl, vor die uns Jesus stellt, die Wahl zwischen Gott und Mammon ist (Matt. 6: 24).« Am Ende steht also wieder Jesu Gegenüberstellung zweier Gesellschaftssysteme, des römisch-imperialen und der von den Propheten inspirierten Ordnung der Tora. Alle diese Dokumente wurden in Busan Anfang November 2013 von der weltweiten protestantisch-orthodoxen Ökumene beschlossen.

Papst Franziskus und die Befreiungstheologie: Nein zu einem Geld, das herrscht

Am 24. November 2013 erschien das Apostolische Schreiben Evangelii Gaudium, »Die Freude des Evangeliums«, von *Papst Franziskus*, in dem er den berühmten Satz spricht: »Diese Wirtschaft tötet.« (Franziskus 2013; zum Folgenden siehe auch Segbers/Wiesgickl 2015). Der November 2013 ist damit ein kirchenhistorisch zu erinnernder Monat. In ihm kam nach vielen Jahren der intensiven Arbeit und kontroversen Auseinandersetzungen zum Ausdruck, dass die offizielle weltweite christliche Ökumene einen Konsens in der Verwerfung der kapitalistischen Zivilisation erreicht hatte.

Zu diesem Papst schreibt Leonardo Boff: »Es ist das erste Mal in der Geschichte der römisch-katholischen Kirche, dass die Anliegen Luthers und der anderen Reformatoren aufgenommen worden sind. Der Schrei in der damaligen Kirche für eine Reform ›an Haupt und Gliedern‹ (›*caput et in membris*‹) wurde endlich gehört und ernst genommen. Die römisch-katholische Kirche unter Papst Franziskus wird eine Reformkirche werden. Dieser Papst beharrt nicht mehr auf der Ausschließlichkeit der römisch-katholischen Kirche, als ob sie die einzige wahre Kirche Christi wäre. Alle Kirchen müssen sich gegenseitig anerkennen und zusammen für das Wohl der Welt, besonders der Armen, einsetzen ... Franziskus ist mehr als ein Name. Es ist ein neues Projekt von Kirche, dem Evangelium treu, offen für alle, eine Kirche, welche sich in der Nachfolge Jesu versteht. Mit einem solchen Verständnis von Kirche kann eine neue Form des ökumenischen Dialogs entstehen. Falls Luther heute lebte, würde er sich riesig im Geiste freuen, weil seine Anliegen endlich gehört werden – als Inspiration für eine Reform der ganzen Christenheit. Franziskus in Rom ist ein Zeichen, dass Gott und Christus die Kirche Gottes noch lieben und der evangelischen Botschaft eine neue Zukunft bereiten wollen.« (Boff 2015: 228)

Damit haben wir in wenigen Sätzen bei allem Menschlich-Allzu-Menschlichen der Nachfolger Jesu die Linie Franziskus-Luther-Franziskus, an der wir in dieser Flugschrift auch interessiert sind – fehlt nur noch Marx. Den aber hat Philip Geitzhaus (2016) in einem gut recherchierten Beitrag nachgeholt unter dem Titel: »Von Franziskus zu Marx – Zur Kapitalismuskritik in der Kirche des 21. Jahrhunderts«. Er beginnt mit einem Zitat aus der Rede des Papstes vor VertreterInnen sozialer Bewegungen in Bolivien, das wirklich an den Anfang gehört. Denn hier wird klar, dass es Franziskus um die Systemfrage geht, genauer um die Überwindung des Kapitalismus als System. »Wenn das Kapital sich in einen Götzen verwandelt und die Optionen der Menschen bestimmt, wenn die Geldgier das ganze sozio-ökonomische System bevormundet, zerrüttet es die Gesellschaft, verwirft es den Menschen, macht ihn zum Sklaven, zerstört die Brüderlichkeit unter den Menschen, bringt Völker gegeneinander auf und gefährdet – wie wir sehen – dieses unser gemeinsames Haus, die Schwester und Mutter Erde. […] *Erkennen wir, dass dieses System die Logik des Gewinns um jeden Preis durchgesetzt hat, ohne an die soziale Ausschließung oder die Zerstörung der Natur zu denken?* Wenn es so ist, dann *beharre ich darauf* – sagen wir es unerschrocken –: Wir wollen eine Veränderung, eine wirkliche Veränderung, eine Veränderung der Strukturen. Dieses System ist nicht mehr hinzunehmen; die Campesinos ertragen es nicht, die Arbeiter ertragen es nicht, die Gemeinschaften ertragen es nicht, die Völker ertragen es nicht … Und ebenso wenig erträgt es die Erde, ›unsere Schwester, Mutter Erde‹, wie der heilige Franziskus sagte.« (Franziskus 2015)

Kapital als Götze (wir werden gleich auch noch vom Geld als Fetisch hören), der Menschen zum Sklaven macht und den Menschen als Menschen verwirft, »Logik des Gewinns um jeden Preis«, also die grundsätzliche Entgegensetzung von Kapital und Mensch ist unzweifelhaft eine Anknüpfung an die Analysen von Karl Marx und seinen Humanismus. Um keinen Zweifel zu lassen, betont Franziskus ausdrücklich, dass es um eine systemische Veränderung geht, weil das System, das dem Kapital und Gewinn Menschen und Erde opfert, von den industriell und landwirtschaftlich arbeitenden Menschen nicht mehr hingenommen werden kann. Und damit benennt er auch schon die Akteure der Transformation: Arbeiterinnen, Bauern, Gemeinschaften und Völker, die sich in sozialen Bewegungen organisieren – zu denen er in dieser Rede spricht. »Betroffene aller Länder, vereinigt euch!« könnte man das Kommunistische Manifest abwandeln, worauf noch zurückzukommen ist.

Das Spannende ist nun aber, dass Franziskus das, was er hier zu den sozialen Bewegungen sagt, mühelos und bruchlos in seinen offiziellen kirchenamtlichen Texten auch theologisch sagen kann. Betrachten wir dies zuerst an seinem *Apostolischen Schreiben »Die Freude des Evangeliums«*. Bereits die Einleitung verbindet unauflöslich das Persönliche mit dem Strukturellen, das Theologische mit der sozio-ökonomischen Analyse: Freude, die sich erneuert und sich mitteilt. »Die große Gefahr der Welt von heute mit ihrem vielfältigen und erdrückenden Konsumangebot ist eine individualistische Traurigkeit, die aus einem bequemen, begehrlichen Herzen hervorgeht, aus der krankhaften Suche nach oberflächlichen Vergnügungen, aus einer abgeschotteten Geisteshaltung. Wenn das innere Leben sich in den eigenen Interessen verschließt, gibt es keinen Raum mehr für die anderen, finden die Armen keinen Einlass mehr, hört man nicht mehr die Stimme Gottes, genießt man nicht mehr die innige Freude über seine Liebe, regt sich nicht die Begeisterung, das Gute zu tun. Auch die Gläubigen laufen nachweislich und fortwährend diese Gefahr.« (Franziskus 2013: 3f.) Das vom Eigeninteresse geleitete Ego ist der homo oeconomicus der individualistischen bürgerlichen Anthropologie, benötigt für das kapitalistische Konkurrenzverhalten um immer größeren Reichtum, Macht und Ansehen. Und die individualistische Traurigkeit kennen die Gläubigen auch aus der Geschichte im Evangelium vom »reichen Jüngling«, der traurig von Jesus weggeht, »denn er hatte viele Güter«. Es ist genial, die

Umkehr zu einer anderen Lebensweise in einer anderen Wirtschaft als Freude zu verkündigen und nicht als Verzicht, wie es oft dargestellt wird.

Die gesamte Kritik an der Wirtschaft und die Vorschläge für Alternativen sind integriert in die zentralen Koordinaten des Christseins und Kircheseins. Niemand kann dem Papst vorwerfen, er mische sich aus politischen Motiven in Politik und Wirtschaft ein. Das zeigt der Aufbau des Schreibens: Teil I: Die missionarische Umgestaltung der Kirche, II. In der Krise des gemeinschaftlichen Engagements (hier stehen die analytischen Aussagen zur Wirtschaft), III. Die Verkündigung des Evangeliums, IV. Die soziale Dimension des Evangeliums (hier finden sich die alternativen Perspektiven zur Wirtschaft) und V. Evangelisierende mit Geist. Dieser Aufbau sagt: Mission (Teil I) und die Verkündigung des Evangeliums (Teil III) gehen ins Leere, wenn sie nicht die Realität, den Lebenskontext, als den Ort haben, in dem sie wirken. Luther nannte das viva vox evangelii, die lebendige Stimme des Evangeliums. Jesus sieht die Gemeinschaft der ihm Nachfolgenden als »Salz der Erde«, »Licht der Welt« – und das sind sie, wie vorangehende Seligpreisungen zeigen, wenn die Armen an der ersten Stelle stehen – denn »ihrer ist das Reich Gottes«, die neue Lebensordnung Gottes, in der die Ersten Letzte und die Letzten Erste werden, das heißt, in der Gerechtigkeit regiert. Und die Arbeit an den konkreten Alternativen ist dann eben »die soziale Dimension des Evangeliums« (Teil IV).

Blicken wir zuerst auf Teil II, dessen erste vier Punkte wie Hammerschläge tönen.

»*Nein zu einer Wirtschaft der Ausschließung*. Ebenso wie das Gebot ›du sollst nicht töten‹ eine deutliche Grenze setzt, um den Wert des menschlichen Lebens zu sichern, müssen wir heute ein ›Nein zu einer Wirtschaft der Ausschließung und der Disparität der Einkommen‹ sagen. *Diese Wirtschaft tötet*. Es ist unglaublich, dass es kein Aufsehen erregt, wenn ein alter Mann, der gezwungen ist, auf der Straße zu leben, erfriert, während eine Baisse um zwei Punkte in der Börse Schlagzeilen macht. Das ist Ausschließung.« (ebd.: 51f.) Luther hatte das 7. Gebot als Ausgangspunkt für die Kritik der frühkapitalistischen Systems gewählt und dieses als Raubsystem qualifiziert – allerdings, um dann hinzuzufügen, dass der Dieb auch ein Mörder sei, weil er den Menschen die Mittel zum Leben raubt. Franziskus geht direkt zum 5. Gebot »Du sollst nicht töten!« Denn der Spätkapitalismus tötet bereits viel direkter. Außerdem betont er über Luther und Marx hinaus, dass Geld nicht nur ausbeutet, sondern ausschließt. Zwar hatte Marx schon völlig klar den Aspekt des Lumpenproletariats und der Erwerbslosigkeit gesehen, aber die Realität des Finanzkapitalismus ist noch drastischer. Der obdachlose Alte wird direkt der Börse gegenübergestellt.

»*Nein zur neuen Vergötterung des Geldes.* Einer der Gründe für diese Situation liegt in der Beziehung, die wir zum Geld hergestellt haben, denn friedlich akzeptieren wir seine Vorherrschaft über uns und über unsere Gesellschaften. Die Finanzkrise, die wir durchmachen, lässt uns vergessen, dass an ihrem Ursprung eine tiefe anthropologische Krise steht: die Leugnung des Vorrangs des Menschen! Wir haben neue Götzen geschaffen. Die Anbetung des antiken goldenen Kalbs (vgl. *Ex* 32, 1-35) hat eine neue und erbarmungslose Form gefunden im Fetischismus des Geldes und in der Diktatur einer Wirtschaft ohne Gesicht und ohne ein wirklich menschliches Ziel.« (ebd.: 53f.) Hier wird nun direkt die Kontinuität zwischen Bibel und Karl Marx festgestellt: Das Goldene Kalb wird als »Fetischismus des Geldes« interpretiert. Auch hier wird der strukturellen Diktatur einer »Wirtschaft ohne Gesicht« dem »menschlichen Ziel« entgegengestellt, die Abstraktion des Geldes dem Leben konkreter Menschen. Das Finanzsystem leugnet systemisch den »Vorrang des Menschen«.

»*Nein zu einem Geld, das regiert, statt zu dienen.* Hinter dieser Haltung verbergen sich die Ablehnung der Ethik und die Ablehnung Gottes. Die Ethik wird gewöhnlich mit einer gewissen spöttischen Verachtung betrachtet. Sie wird als kontraproduktiv und zu menschlich angesehen, weil sie das Geld und die Macht relativiert... In diesem Sinn rufe ich die Finanzexperten und die Regierenden der verschiedenen Länder auf, die Worte eines Weisen des Altertums zu bedenken: ›Die eigenen Güter nicht mit den Armen zu teilen bedeutet, diese zu bestehlen und ihnen das Leben zu entziehen. Die Güter, die wir besitzen, gehören nicht uns, sondern ihnen.‹« (ebd.: 55f.; Franziskus zitiert hier Johannes Chrysostomus, *De Lazaro conciones* II, 6: *PG* 48, 992 D) Hier haben wir gewissermaßen die Aufnahme der altgriechischen kritischen Tradition. Die beiden Mittel, die Aristoteles als Mittel gegen die chrematistische Wirtschaftsform der grenzenlosen Geldvermehrung anbietet, sind Ethik und politische Intervention in den Markt mit Zinsverbot etc. Dieser Rückgriff auf die griechische Philosophie wird verbunden mit der biblischen Reflexion des Kirchenvaters Chrysostomos.

»*Nein zur sozialen Ungleichheit, die Gewalt hervorbringt.* Heute wird von vielen Seiten eine größere Sicherheit gefordert. Doch solange die Ausschließung und die soziale Ungleichheit in der Gesellschaft und unter den verschiedenen Völkern nicht beseitigt werden, wird es unmöglich sein, die Gewalt auszumerzen. Die Armen und die ärmsten Bevölkerungen werden der Gewalt beschuldigt, aber ohne Chancengleichheit finden die verschiedenen Formen von Aggression und Krieg einen fruchtbaren Boden, der früher oder später die Explosion verursacht ... Das geschieht nicht nur, weil die soziale Ungleichheit gewaltsame Reaktionen derer provoziert, die vom System ausgeschlossen sind, sondern weil das gesellschaftliche und wirtschaftliche System an der Wurzel ungerecht ist ... Wenn jede Tat ihre Folgen hat, dann enthält ein in den Strukturen einer Gesellschaft eingenistetes Böses immer ein Potenzial der Auflösung und des Todes ... Auf diese Weise erzeugt die soziale Ungleichheit früher oder später eine Gewalt, die der Rüstungswettlauf nicht löst, noch jemals lösen wird. Er dient nur dem Versuch, diejenigen zu täuschen, die größere Sicherheit fordern, als wüssten wir nicht, dass Waffen und gewaltsame Unterdrückung, anstatt Lösungen herbeizuführen, neue und schlimmere Konflikte schaffen.« (ebd.: 56ff.)

Es ist erstaunlich, in wie wenigen klaren Sätzen der Zusammenhang von Kapitalismus, Gewalt und Krieg dargestellt wird – außerordentlich notwendig in einer Zeit, in der die Milliardäre und Militärs an der Spitze der Supermacht USA zusätzlich eine Billion US-Dollar in die Rüstung investieren und Frau von der Leyen als derzeitige Verteidigungsministerin in Deutschland nachzieht.

Franziskus analysiert nicht nur, er bietet auch *Perspektiven für die Alternativen.* Nicht, dass er den zuständigen PolitikerInnen die Arbeit abnehmen will. »Es ist nicht Aufgabe des Papstes, eine detaillierte und vollkommene Analyse der gegenwärtigen Wirklichkeit zu bieten, aber ich fordere alle Gemeinschaften auf, sich um ›eine immer wachsame Fähigkeit, die Zeichen der Zeit zu erforschen‹ [hier zitiert er Paul VI., Enzyklika *Ecclesiam suam* (6. August 1964), 19: *AAS* 56 (1964), 632], zu bemühen. Wir stehen hier vor einer großen Verantwortung, weil einige gegenwärtige Situationen, falls sie keine guten Lösungen finden, Prozesse einer Entmenschlichung auslösen können, die dann nur schwer rückgängig zu machen sind. Es ist angebracht zu klären, was eine Frucht des Gottesreiches sein kann, und auch, was dem Plan Gottes schadet. Das schließt nicht nur ein, die Eingebungen des guten und des bösen Geistes zu erkennen und zu interpretieren, sondern – und hier liegt das Entscheidende – die des guten Geistes zu wählen und die des bösen Geistes zurückzuweisen.« (ebd.: 49f.)

Franziskus greift hier zwei theologische Topoi auf, die sowohl im II. Vatikanischen Konzil als auch im Ökumenischen Rat unter dem Einfluss der wiederentdeckten biblischen Befreiungstheologie eine große Rolle spielten: das Erkennen der Zeichen der Zeit und die Unterscheidung der Geister. Das sind Formulierungen Jesu, die darauf zielen zu erkennen, wo Gott am Werk ist und was konkret zu unterstützen oder zu verwerfen ist von denen, die mit ihm Gottes neue Ordnung bauen und leben wollen. Entsprechend folgert der Papst: »Die Hirten haben unter Berücksichtigung der Beiträge der verschiedenen Wissenschaften das Recht, Meinungen über all das zu äußern, was das Leben der Menschen betrifft, da die Evangelisierungsaufgabe eine ganzheitliche Förderung jedes Menschen einschließt und verlangt. Man kann nicht mehr behaupten, die Religion müsse sich auf den Privatbereich beschränken und sie existiere nur, um die Seelen auf den Himmel vorzubereiten.« (ebd.: 165)

Werfen wir noch einen kurzen Blick auf Teil IV. Nach einleitenden biblischen Meditationen über den unlöslichen Zusammenhang von Gottes- und Menschenliebe, die zur Kompassion, dem Mitgefühl führen, sagt er: »In der Folge möchte ich versuchen, mich auf zwei große Fragen zu konzentrieren, die in diesem Augenblick der Geschichte grundlegend erscheinen. Ich werde sie mit einer gewissen Ausführlichkeit entwickeln, weil ich meine, dass sie die Zukunft der Menschheit bestimmen werden. Es handelt sich an erster Stelle um die gesellschaftliche Eingliederung der Armen und außerdem um den Frieden und den sozialen Dialog.« (ebd.: 168)

1. *Den Schrei der Armen hören.* »Jeder Christ und jede Gemeinschaft ist berufen, Werkzeug Gottes für die Befreiung und die Förderung der Armen zu sein, so dass sie sich vollkommen in die Gesellschaft einfügen können; das setzt voraus, dass wir gefügig sind und aufmerksam, um den Schrei des Armen zu hören und ihm zu Hilfe zu kommen. Es genügt, in der Heiligen Schrift zu blättern, um zu entdecken, wie der gute himmlische Vater auf den Schrei der Armen hören möchte – ›Ich habe das Elend meines Volkes in Ägypten gesehen und ihre laute Klage über ihre Antreiber habe ich gehört. Ich kenne ihr Leid. Ich bin herabgestiegen, um sie zu befreien [...] Und jetzt geh! Ich sende dich‹ (*Ex* 3, 7-8.10).« (ebd.: 169) Das ist der klassische Text der Befreiungstheologie. Und was folgt, ist Empfehlung der klassischen Strategie der Arbeiterbewegung: Solidarität – übrigens die angemessenste Übersetzung des biblischen Wortes Liebe. Dann folgt eine engagierte Auslegung einer Fülle biblischer Texte unter der einfachen Perspektive: »Das ist eine so klare, so direkte, so einfache und viel sagende Botschaft, dass keine kirchliche Hermeneutik das Recht hat, sie zu relativieren.« (ebd.: 176) Anschließend werden die wirtschaftlichen Konsequenzen gezogen (ebd.: 182ff.). »Wir dürfen nicht mehr auf die blinden Kräfte und die unsichtbare Hand des Marktes vertrauen.« (ebd.: 184) »Wenn wir wirklich eine gesunde Weltwirtschaft erreichen wollen, bedarf es in dieser geschichtlichen Phase einer effizienteren Art der Interaktion, die bei voller Berücksichtigung der Souveränität der Nationen den wirtschaftlichen Wohlstand aller und nicht nur einiger Länder sichert.« (ebd.: 186) Dann spricht er den Umgang mit den besonders schwachen Gruppen an – und am Schluss das Elend der kreatürlichen Mitwelt.

2. *Das Gemeingut und der soziale Frieden.* »Um mit dem Aufbau eines Volkes in Frieden, Gerechtigkeit und Brüderlichkeit fortzuschreiten, gibt es vier Prinzipien, die mit den bipolaren Spannungen zusammenhängen, die in jeder gesellschaftlichen Wirklichkeit vorkommen. Diese leiten sich von den Grundpfeilern der kirchlichen Soziallehre (Menschenwürde, Gemeinwohl, Subsidiarität, Solidarität) her.« (ebd.: 194f.) Diese Prinzipien werden dann mit Leidenschaft entfaltet und enden mit der Empfehlung einer Kultur des Dialogs, wobei am Ende der interreligiöse Dialog empfohlen wird.

Wir brechen hier ab. Eigentlich müsste jetzt noch eine ausführliche Reflexion über die wunderbare Schöpfungsenzyklika »Laudato Si« folgen, die zusammen mit dem sozialen nun das ökologische Engagement entfaltet. In unserem Zusammenhang geht es aber nur um den Nachweis, dass nach Luther nun zum ersten Mal eine gesamtökumenische Übereinstimmung darüber herrscht, dass das kapitalistische System überwunden werden muss – wenn das Leben in Würde noch eine Chance haben soll. Theologisch ruht dieser Konsens auf den Ansätzen von bekennender Kirche, prophetischer Theologie und Befreiungstheologie. Man könnte diese Ansätze um den eucharistischen Ansatz der Orthodoxie erweitern, was hier aber den Rahmen sprengen würde (siehe dazu Tsompanidis 1999). Es ist wichtig, sich zum Schluss noch klar zu machen, dass diese neu zu entdeckende Kompatibilität zwischen den Ansätzen von Marx und Religion keineswegs auf das Christentum beschränkt ist.

Interreligiöse Solidarität für eine transkapitalistische Kultur des Lebens

Wir haben in Kapitel 3 gesehen, dass alle Weltreligionen der Achsenzeit kritisch auf die entstehende Geldzivilisation reagierten. Es ist deshalb nicht verwunderlich, dass in allen diesen Religionen philosophische und theologische Entwicklungen zu beobachten sind, die der christlichen Befreiungstheologie verwandt sind (ausführlich in Duchrow 2013).

Selbstverständlich gibt es eine *jüdische Befreiungstheologie*. Ihr hervorragender Vertreter ist Marc Ellis (1992 und 2014). Hier ist die Grundlage die hebräische Bibel, insbesondere die Propheten. Die Besonderheit an dieser Theologie ist der Umstand, dass inzwischen der Staat Israel unter Berufung auf die gleiche Hebräische Bibel Recht, Gerechtigkeit und Freiheit mit Füßen tritt, indem dieser PalästinenserInnen durch die völkerrechtswidrige Besatzung des Westjordanlands und des Gazastreifens in Unfreiheit hält, unterdrückt und sie zunehmend mit seinem Siedlerkolonialismus ihres Landes beraubt. Darum gehört zur jüdischen Befreiungstheologie die besondere Analyse des Imperiums, das den Kapitalismus weltweit schützt. Ohne die Unterstützung durch das westliche Imperium der USA und Europas könnte Israel dieses systemische Unrecht nicht vollziehen (vgl. Hever 2014). Dieser besonderen Problematik versucht Marc Ellis durch die Revitalisierung des Prophetischen Herr zu werden (Ellis 2014).

Diese Problematik betrifft auch stark Luther und die protestantischen Kirchen in Deutschland. Diese haben in den Jahren nach dem Holocaust durch die Nazis intensiv daran gearbeitet, den *Antijudaismus Luthers* und des mehrheitlichen Christentums zu *überwinden.* Nun geraten sie aber in Konflikt mit vielen ihrer jüdischen Gesprächspartner und mit sich selbst, wenn sie zum Unrecht Israels an den PalästinenserInnen schweigen. Hier gibt es intensive Bemühungen, ein Umdenken zu bewirken, das die PalästinenserInnen in die Schuldaufarbeitung einbezieht (siehe hierzu Braverman 2011 sowie Duchrow/Ulrich 2017). In jedem Fall ist die gesamte historisch, systematisch und aktuell höchst komplexe Fragestellung unlösbar verbunden mit dem imperialen Kapitalismus.

Muslimische Befreiungstheologie spielt auch in die Frage Palästina/Israel hinein. Der international führende muslimische Befreiungstheologe Farid Esack aus Südafrika ist gleichzeitig der Präsident der südafrikanischen BDS-Bewegung für Boykott, Divestment und Sanktionen gegen den Staat Israel zur Beendigung der Besatzung und hat als solcher bei seinen Gastvorlesungen in Hamburg im Wintersemester 2016/17 schwere Angriffe zu erleiden gehabt. Entscheidend ist aber die gleiche Ablehnung des imperialen Kapitalismus auf der Basis des Koran, wie es jüdische und christliche Befreiungstheologien im Anschluss an die Bibel tun. In der Erklärung des progressiven Islam heißt es dazu u.a. (Esack 2001; eigene Übersetzung):

»Progressiver Islam bekennt:

- Während wir alle die Familie Gottes sind, bekräftigen progressive Muslime eine vorrangige Option für die, die der Koran als ›mustad'afun fi'l-ard‹ beschreibt, das heißt als diejenigen Personen und Gruppen, die ohne ihre Schuld an den Rand der Gesellschaft gedrängt und sozial, politisch und ökonomisch unterdrückt werden ...

Progressiver Islam leistet Widerstand gegen

- eine Pax Americana, die sich als unvermeidbar darstellt, sowie gegen den ungezügelten Marsch der Globalisierung im Dienst des Marktes. Zwar kann die Globalisierung durchaus für eine weltweite Solidarität zwischen den Marginalisierten (›mustad'afun fi'l-ard‹) eingesetzt werden, doch als Eckstein des Neokolonialismus und der wirtschaftlichen Ausbeutung muss sie verworfen werden. Dieser Widerstand ist Teil der Vision einer weltweiten sozioökonomischen Gleichheit und Gerechtigkeit.
- die gnadenlose Durchsetzung der Kultur der transnationalen Konzerne und des Konsumdenkens, die die Ausbeutung unserer natürlichen Umwelt, Entwaldung, Zerstörung lokaler Gemeinschaften und des Ökosystems sowie Grausamkeit gegen Tiere zur Folge haben.
- Rassismus, Sexismus, Homophobie und alle anderen Formen sozioökonomischer Ungerechtigkeiten sowohl innerhalb wie außerhalb muslimischer Gesellschaften und Gemeinschaften. Diese Ungerechtigkeiten verunglimpfen die Heiligkeit der Menschheit, die ihr verliehen wurde, als Allah den eigenen, göttlichen Geist in den ersten Menschen blies.«

Auch hier wird also der imperiale Kapitalismus mit klaren theologischen Argumenten abgelehnt, und zwar ebenfalls auf der Basis, dass Menschen an den Rand gedrängt und unterdrückt werden, die doch Gottes Geist in sich tragen.

Auch der nicht-abrahamische *Buddhismus* hat eine Form von Befreiungstheologie entwickelt, die er allerdings nicht Theologie nennen kann, weil er seinem Wesen nach keine Gottesvorstellung hat. Was in den abrahamischen Religionen Befreiungstheologie heißt, wird hier »engagierter Buddhismus« genannt (de.wikipedia.org/wiki/Engagierter_Buddhismus und buddhanetz.org/). Er zeichnet sich dadurch aus, dass er eine Reihe von hervorragenden kapitalismuskritischen alternativen Ökonomen hervorgebracht hat. Ich nenne nur Apichai Puntasen (2008) aus Thailand und Brodbeck (2012) aus Deutschland. Aufbauend auf Ernst Friedrich Schumachers Buch »Small is Beautiful« hat *Puntasen* eine beeindruckende Kritik des Kapitalismus und ein ebenso überzeugendes Gegenkonzept buddhistischer Ökonomie vorgelegt. Ähnlich wie im ersten Kapitel dargestellt, sieht er den Beginn des Problems gleichzeitig mit der Einführung des Geldes als alltäglichem Tauschmittel seit dem 8. Jahrhundert v.u.Z. und der sich daraus entwickelnden Veränderung des menschlichen Bewusstseins *vom Teilen zur Gier*. Auch er parallelisiert Buddhas und Aristoteles' Eintreten für den Gebrauchs- und gegen den Tauschwert als Basis der Ökonomie. Ebenfalls sieht er die Unterstützung, die zunächst die Könige und später die Regierungen der Geldvermehrungsökonomie bis zum heutigen Finanzkapitalismus haben angedeihen lassen, aber auch die Wechselwirkung zwischen der Gier im System und in den Köpfen. Er bezeichnet das als Götzendienst: Menschen beten Selbstgemachtes als Gott an. Seine kurze Formel für das herrschende System und die buddhistische Alternative lautet: »Mainstream-Wirtschaft kann definiert werden als ein Wirtschaften mit dem Ziel eines Individuums, angesichts von Ressourcenknappheit maximalen Nutzen für sich zu erreichen, und mit dem Ziel der Gesellschaft, unter gleichen Bedingungen maximalen Wohlstand zu erreichen. Demgegenüber kann buddhistische Wirtschaft so definiert werden: ein Wirtschaften mit dem Ziel, gleichzeitig für Individuen und Gesellschaft Frieden und Ruhe zu erreichen in einer Welt, in der die Ressourcen begrenzt sind.« (Puntasen 2008: 3)

Damit ist klar: Wir haben nicht nur einen weltweiten ökumenischen, sondern auch interreligiösen Konsensus, dass der Kapitalismus überwunden werden muss. Aber wie?

Ausblick

Wenn es stimmt, dass die geldgetriebene Zivilisation seit dem 8. Jahrhundert v.u.Z. bis heute einen Gesamtzusammenhang bildet, befinden wir uns an einer Epochenwende. Denn aus rein physischen Gründen kann die von der Kapitalakkumulation und der in den Köpfen gespiegelten entsprechenden Sucht nach Mehr angetriebene Wachstumswirtschaft auf Dauer nicht so weiterbestehen – wenn denn unser begrenzter Planet weiterhin Lebensraum für Menschen und Mitgeschöpfe bieten soll. Es ist bekannt, dass bereits jetzt die USA bis zu sechs Planeten und Europa bis zu drei Planeten verbrauchen, was nur deshalb möglich ist, weil andere darben. Die Klimakatastrophe ist das ultimative Menetekel an der Wand des Menschheitshauses.

Das bedeutet, der Kapitalismus – also die vom Kapitalwachstum angetriebene imperiale Wirtschaft *und* Lebensweise, die Gesamtzivilisation – *muss* überwunden werden, auch wenn noch nicht klar ist, wie das im Einzelnen geschehen kann und wird. Dabei sind Ausbeutung, Ausgrenzung und ökologische Zerstörung untrennbar miteinander verbunden, wie besonders Papst Franziskus in »Laudato si« hervorragend herausgearbeitet hat. Von daher ist das klare »Ja« zur Überwindung der geldgetriebenen Zivilisation und damit ein klares »Nein« zur kapitalistischen (Un-)Ordnung die unabdingbare Grundlage von allem Weiteren.

Für die Bewusstwerdung der Bevölkerung auch in den Breiten, die noch zu profitieren meinen, ist es deshalb von außerordentlicher Bedeutung nachzuweisen, dass die Propheten, die Tora, der Buddha, Jesus, Mohammed, die Reformbewegungen im Mittelalter, Luther und andere Reformatoren bis hin zur heutigen Ökumene und Papst Franziskus aus theologischen und philosophischen Gründen Nein zum Geldfetischismus auf dessen verschiedenen Entwicklungsstufen sagen.[31] Es ist deshalb höchste Zeit, dass 150 Jahre nach Erscheinen des Werkes »Das Kapital«

---

[31] Über 80% der Weltbevölkerung fühlen sich einer Glaubensgemeinschaft zugehörig; religiös begründete ethisch-moralische Grundsätze und Orientierungen beeinflussen damit das Denken und Handeln des überwiegenden Teils der Menschheit.

deutlich und anerkannt wird, dass es Karl Marx ist, der in dieser Reihe der religiösen Gründer, Denker und Mobilisierer derjenige ist, der den Mechanismus des Mensch und Natur zerstörenden Geld- und Kapitalwachstums mit ungeheurem Arbeitsaufwand und intellektueller Schärfe am genauesten analysiert und verständlich gemacht hat. Es ist seine Analyse des Waren-, Geld- und Kapitalfetischismus, die ihn zu einem Theologen macht – vielleicht dem Theologen, der – zumindest im 19. Jahrhundert – die biblischen und Luthers Intentionen auf diesem Gebiet am treuesten weitergeführt hat. Karl Marx hat sich klar im Sinne Jesu gegen den Götzen Mammon für die (»geringsten«) Menschen entschieden, wie immer man seine direkten oder indirekten Rückgriffe auf die Bibel und Luther im Einzelnen beurteilen mag. Mit seinem Weiterschreiten von der Religions- zur Fetischismuskritik ist er ein Verbündeter befreiender Theologie und Praxis geworden.

Und deshalb ist es zudem höchste Zeit, dass TheologInnen und Kirchen aufhören, sich dem vom Fetischismus des Kapitals selbst erzeugten Tabu gegenüber dem Namen Marx zu beugen – wie Papst Franziskus, der seinen Namen zwar nicht nennt, aber seine Analysen voll übernimmt und auf die heutige Situation anwendet. Denn es ist dieses Tabu, das ein wesentlicher Grund dafür ist, dass in Gemeinden, Schulen, Kirchen und Universitäten weiter die Illusionen gepflegt werden, die die Menschen daran hindern, mit offenen Augen die Realität zu sehen und diese zu verändern. Das heißt nicht, Irrtümer, Mängel und Fehlleistungen bei Marx oder gar bei seinen Epigonen zu verdecken, zu entschuldigen oder zu wiederholen. Im Gegenteil. Das Gleiche gilt für Luther, wie wir gesehen haben. Aber diese – sowohl bis heute im Blick auf Luther wie auf Marx im Mainstream verdrängte – grundsätzliche Kritik des Kaufmanns-, Wucher- und Industriekapitals ist lebenswichtig für die Entwicklung einer neuen Wirtschafts- und Lebensweise, die auch in Zukunft Leben in Würde möglich macht.

Aber wie zu dieser neuen Kultur des Lebens vorstoßen? Hier ist meines Erachtens die Frage der *Fristigkeit* zentral. Eigentlich müsste die Transformation umgehend durchgesetzt werden. Die

Klimakatastrophe lässt uns eigentlich keine Zeit. Aber es ist völlig undenkbar, dass eine fast drei Jahrtausende währende Zivilisation von heute auf morgen geändert werden kann. Deshalb ist es von grundlegender Bedeutung – wie wir in Kapitel 4 festgestellt haben –, dass das, was Marx als kommunistisches Reich der Freiheit ins Auge gefasst hat, nicht als Ziel zu verstehen ist, das von oben einfach herstellbar ist. »Jeder nach seinen Fähigkeiten, jedem nach seinen Bedürfnissen« kann man nicht einfach »machen«. Vielmehr ist es eine regulative Idee, der sich Menschen nur unter gegenwärtig machbaren Bedingungen annähern können. Was lässt das Reich der Notwendigkeit schon zu? Diese Frage ist aber mit höchster Dringlichkeit zu stellen und dafür mit möglichst breiten Bündnissen zu kämpfen. In dieser Spannung lässt sich kurzfristig und mittelfristig viel tun, ja geschieht bereits jetzt schon außerordentlich viel. Es ist aber wichtig, dabei klare Orientierungspunkte zu haben. Drei Weichenstellungen, die auch alle enorme Auswirkungen auf die Ökologie haben, sind zentral für die Transformation – in den Bereichen Eigentum, Geld und Arbeit (siehe hierzu etwa Hinkelammert/Mora 2005, Bender u.a. 2012 und Winkelmann 2016).

Der Schritt *vom Privateigentum zum Gemeineigentum* war der zentrale Ansatzpunkt von Marx. Hier ist aber aus den dann folgenden geschichtlichen Erfahrungen zu lernen, dass Gemeineigentum keineswegs immer gleichbedeutend ist mit Staatseigentum (vgl. Helfrich/Heinrich-Böll-Stiftung 2009). Franz Hinkelammert und ich haben im Anschluss an Hans Christoph Binswanger acht verschiedene rechtliche Formen des Eigentums herausgearbeitet, innerhalb derer Eigentum klar auf das Gemeinwohl bezogen organisiert werden kann (Duchrow/Hinkelammert 2005). Gerade die Eigentumsordnung muss von unten her aufgebaut werden. Das allerdings ist politisch zu ermöglichen. Also spielt die Machtfrage natürlich eine zentrale Rolle. Zentral ist das Eigentum aller Betroffenen an den Produktionsmitteln.

Das aber bedeutet die Befreiung der *Arbeit* aus dem Waresein. Auch das kann verschiedene Formen haben, angefangen von der Selbstverwaltung von Betrieben bis zur genossenschaftlichen Organisation mit ökologischer Zielsetzung (vgl. Hengsbach 2014 und Diefenbacher u.a. 2016). Eine zentrale Frage ist dabei die Umwandlung der Produktivitätsgewinne in Arbeitszeitverkürzung. Unfreiwillige Erwerbslosigkeit darf es nicht geben. Außerdem muss genügend Zeit für politische und gemeinwesenbezogene Arbeit bleiben. Nachdem es der Neoliberalismus geschafft hat, die Arbeiterschaft sowohl im eigenen Land wie international zu spalten und zu entsolidarisieren, ist bei den Interessenvertretungen der Arbeitenden ein Neuanfang ebenso nötig wie in den Kirchen.[32] Da seit den 1980er Jahren der Klassenkampf von oben mit allen Mitteln geführt wird, ist es erstaunlich, dass die Arbeiterschaft nicht stärker politisch kämpft. Das Ergebnis scheint zu sein, dass es den Rechtsparteien gelingt, die Abgehängten für ihre Zwecke zu instrumentalisieren, obwohl sie selbst extrem neoliberale Politiken befürworten und betreiben.

Das dritte Feld ist das *Geld* (im Einzelnen Duchrow 2013 und Bender u.a. 2012). Auch hier gäbe es theoretisch Möglichkeiten, Geld als öffentliches Gemeingut zu organisieren und nicht mehr als Ware. Regionalgeld gibt es schon, aber auch bis zum Weltgeld ist dies möglich. Schon Keynes machte in Bretton Woods 1944 den Vorschlag, ein politisches Geld, den bancor, als Reservewährung einzuführen (vgl. Felber 2012). Das wurde damals von den USA verhindert, die auf dem US-Dollar als Leitwährung bestanden.

Was die *Strategie* betrifft, so hatte Karl Marx angenommen, dass das zunehmend verelendende und sich organisierende Proletariat das historische Subjekt sei, das den Umschlag vom Kapitalismus zum Sozialismus/Kommunismus revolutionär herbeiführen würde. Das ist offensichtlich nicht eingetreten. Ausgebeutet Arbeitende, die sich gut organisieren, sind sicher das Rückgrat des transformatorischen Subjekts, weil sie über den Streik die stärksten Hebel des Kampfes gegen die Macht des Kapitals in der Hand haben. Aber das reicht bei weitem nicht. Es geht um Bündnisse von allen Betroffenen und zentral auch um eine Bewusstseinstransformation auf breiter Ebene. Auch solche Gruppen kön-

---

[32] Besonders der nordamerikanische Befreiungstheologe Jörg Rieger (2009) hat sich intensiv theologisch mit der Frage der Arbeit beschäftigt.

nen einbezogen werden, die sich zunächst nur für pragmatische Verbesserungen einsetzen. Sie können durch die Zusammenarbeit mit Gruppen, die systemtranszendierend arbeiten, lernen, ihre pragmatischen Ziele auf die notwendige große, systemische Transformation auszurichten. Dabei können Befreiungspotenziale aus Religionen und Philosophien ebenso wie die religiös motivierten Experimente zur Herbeiführung einer Kontrastgesellschaft zusammen mit Sozialismusformen von unten eine wichtige Rolle spielen.[33]

Wenn es stimmt, dass die gemeinwohlorientierte Wirtschaft und auch politische Ordnung von unten her aufgebaut und immer wieder erneuert werden muss, dann wird es eine Kombination von lokalen und von unten aufgebauten überlokalen Organisations- und Kampfformen bis hin zu globalen Solidaritätsbündnissen geben müssen. Einerseits gibt es die Möglichkeiten von lokaler solidarischer Ökonomie (siehe hierzu Diefenbacher u.a. 2016 und Diefenbacher/Douthwaite 1998). Darüber hinaus geht es bei der Intervention in makroökonomische Zusammenhänge darum, soziale Bewegungen möglichst nahe an der jeweiligen Bevölkerung zu organisieren und dann zu vernetzen. Hier handelt es sich zunächst um Fragen, die Menschen direkt betreffen und an denen sie deshalb zu mobilisieren sind. Das sind die Fragen der Grundversorgungsgüter und -dienstleistungen wie Wasser, Transport, Gesundheitsversorgung, Bildung usw. Hier dafür zu kämpfen, dass diese nicht privatisiert, sondern öffentlich organisiert werden, ist der zentrale Einstieg in eine postkapitalistische Eigentums- und Wirtschaftsordnung (vgl. Engartner 2016) – und zwar über Bündnisse: Betroffene aller Länder vereinigt euch!

All dies müsste ausgeführt und entfaltet werden im Sinn der Realutopien von Rosa Luxemburg. Dann würde auch endlich in der Reihe derer, die den Kapitalismus zu überwinden trachten, eine Frau über Luther, Marx und Papst hinaus ihre Stimme erheben können. Aber dazu bedürfte es einer weiteren Flugschrift.

---

[33] Enrique Dussel (2013) hat diese Strategie aus der Perspektive einer »Politik der Befreiung« sehr anregend ausgearbeitet.

Literatur

Altvater, Elmar (2015): Marx neu entdecken. Das hellblaue Bändchen zur Einführung in die Kritik der politischen Ökonomie. Hamburg, 2. Aufl.

Arrighi, Giovanni (1994): The Long Twentieth Century: Money, Power, and the Origins of Our Times. London/New York.

Bender, Harald/Bernholt, Norbert/Winkelmann, Bernd/Akademie Solidarische Ökonomie (Hrsg.) (2012): Kapitalismus und dann? Systemwandel und Perspektiven gesellschaftlicher Transformation. München.

Bloomquist, Karen L./Duchrow, Ulrich (Hrsg.) (2015): Kirche – befreit zu Widerstand und Transformation. Church – Liberated for Resistance and Transformation (Bd. 5 von Duchrow/Beros u.a. 2015ff.), Münster.

Boff, Leonardo (2015): Die Bedeutung Martin Luthers für die Befreiung der Unterdrückten. In: Bloomquist/Duchrow (Hrsg.): 207-228.

Bolz, Norbert/Bosshart, David (1995): Kult-Marketing. Die neuen Götter des Marktes. Düsseldorf.

Braverman, Mark (2011): Verhängnisvolle Scham. Israels Politik und das Schweigen der Christen. Gütersloh.

Brie, Michael (Hrsg.) (2015): Mit Realutopien den Kapitalismus transformieren? Hamburg.

Brodbeck, Karl-Heinz (2012): Die Herrschaft des Geldes. Geschichte und Systematik. Darmstadt, 2. Aufl.

Buchbinder, Reinhard (1976): Bibelzitate, Bibelanspielungen, Bibelparodien, theologische Vergleiche und Analogien bei Marx und Engels. Westberlin.

Calvin, Johannes (1960): Auslegung des Propheten Ezechiel, in: O. Weber (Hrsg.), J. Calvins Auslegung der Heiligen Schrift, Neue Reihe, Bd. 9: 287ff.

Clévenot, Michel (1991): Als Gott noch ein Feudalherr war. Geschichte des Christentums im IX.-XI. Jahrhundert. Luzern.

Clévenot, Michel (1992): Im Herzen des Mittelalters. Geschichte des Christentums im XII. und XIII. Jahrhundertk. Luzern.

Clévenot, Michel (1993): »Lieber Jesus, mach mich reich«. Geschichte des Christentums im XIV. und XV. Jahrhundert. Luzern.

Crüsemann, Frank (1983): Bewahrung der Freiheit – Das Thema des Dekalogs in sozialgeschichtlicher Perspektive. München.

Crüsemann, Frank (1992): Die Tora. Theologie und Sozialgeschichte des alttestamentlichen Gesetzes. München.
Deutschmann, Christoph (2014): Kapitalismus. Reihe »Reformation heute« des Sozialwissenschaftlichen Instituts der EKD, Hannover.
Dieckmann, Friedrich (2016): Sozialismus. Reihe »Reformation heute« des Sozialwissenschaftlichen Instituts der EKD, Hannover.
Diefenbacher, Hans/Douthwaite, Richard (1998): Jenseits der Globalisierung. Handbuch für lokales Wirtschaften. Mainz.
Diefenbacher, Hans/Foltin, Oliver/Held, Benjamin/Rodenhäuser, Dorothee/Schweizer, Rike/Teichert, Volker (2016): Zwischen den Arbeitswelten. Übergang in die Postwachstumsgesellschaft. Frankfurt a.M.
Duchrow, Ulrich (1980): Konflikt um die Ökumene. Christusbekenntnis – in welcher Gestalt der ökumenischen Bewegung? München.
Duchrow, Ulrich (1983): Christenheit und Weltverantwortung. Traditionsgeschichte und systematische Struktur der Zweireichelehre. Stuttgart (1970), 2. Aufl.
Duchrow, Ulrich (1987): Weltwirtschaft heute – ein Feld für bekennende Kirche? München (1986), 2. Aufl.
Duchrow, Ulrich (1997): Alternativen zur kapitalistischen Weltwirtschaft – Biblische Erinnerung und politische Ansätze zur Überwindung einer lebensbedrohenden Ökonomie. Gütersloh/Mainz (1994), 2. Aufl.
Duchrow, Ulrich (2008): Ökumene und kapitalistisches Imperium: Der Konziliare Prozess für Gerechtigkeit, Frieden und die Befreiung der Schöpfung, in: Link, Hans-Georg/Müller-Fahrenholz, Geiko (Hrsg.), Hoffnungswege. Wegweisende Impulse des Ökumenischen Rates der Kirchen aus sechs Jahrzehnten, Frankfurt a.M.: 291-320.
Duchrow, Ulrich (2010): Religionskritik und humanistische Bündnisse für das Leben in gerechtem Frieden in biblisch-theologischer Perspektive, in: Fink/Hildebrandt (Hrsg.).
Duchrow, Ulrich (2013): Gieriges Geld: Auswege aus der Kapitalismusfalle – Befreiungstheologische Perspektiven. München (Download: http://ulrich-duchrow.de/wp-content/uploads/2017/02/0000-Buch-Gieriges-Geld-komplett-9783466370696.pdf).
Duchrow, Ulrich (2015): Luthers Stellung zum Individualismus des modernen Geldsubjekts. In: Duchrow/Ulrich (Hrsg.): 142-186.
Duchrow, Ulrich (2017): Diskussionen um die »Lehre« von Zwei Reichen und Regimenten und die Konsequenzen. Ein persönlicher Rück- und Vorblick. In: Kampmann/Otte (Hrsg.).

Duchrow, Ulrich/Beros, Daniel/Hoffmann, Martin/Ulrich, Hans G. (Hrsg.) (2015ff.): Die Reformation radikalisieren/Radicalizing Reformation. Reihe in bislang 7 Bänden. Münster
Duchrow, Ulrich/Bianchi, Reinhold/Krüger, René/Petracca, Vincenzo (2006): Solidarisch Mensch werden. Psychische und soziale Destruktion im Neoliberalismus – Wege zu ihrer Überwindung. Hamburg/Oberursel (Download: www.vsa-verlag.de/uploads/media/VSA_Duchrow_Ulrich_Solidarisch_Mensch_werden.pdf).
Duchrow, Ulrich/Hinkelammert, Franz (2005): Leben ist mehr als Kapital. Alternativen zur globalen Diktatur des Eigentums. Oberursel (2002), 2. Aufl.
Duchrow, Ulrich/Hinkelammert, Franz (2012): Transcending Greedy Money: Interreligious Solidarity for Just Relations. New York.
Duchrow, Ulrich/Hoffmann, Martin (Hrsg.) (2015): Politik und Ökonomie der Befreiung. Politics and Economics of Liberation (Bd. 3 von Duchrow/Beros u.a. 2015ff.), Münster.
Duchrow, Ulrich/Jochum-Bortfeld, Carsten (Hrsg.) (2015): Befreiung zur Gerechtigkeit. Liberation towards Justice (Bd. 1 von Duchrow/Beros u.a. 2015ff.), Münster.
Duchrow, Ulrich/Nessan, Craig (Hrsg.) (2015): Befreiung von Gewalt zum Leben in Frieden. Liberation from Violence for Life in Peace (Bd. 4 von Duchrow/Beros u.a. 2015ff.), Münster.
Duchrow, Ulrich/Ulrich, Hans G. (Hrsg.) (2015): Befreiung vom Mammon. Liberation from Mammon (Bd. 2 von Duchrow/Beros u.a. 2015ff.), Münster.
Duchrow, Ulrich/Ulrich, Hans G. (Hrsg.) (2017): Religionen für Gerechtigkeit in Palästina-Israel. Jenseits von Luthers Feindbildern (Bd. 7 von Duchrow/Beros u.a. 2015ff.), Münster.
Dussel, Enrique (2013): 20 Thesen zu Politik. Mit einem Geleitwort herausgegeben von Ulrich Duchrow. Münster.
Ellis, Marc H. (1992): Zwischen Hoffnung und Verrat. Schritte auf dem Weg einer jüdischen Theologie der Befreiung. Luzern.
Ellis, Marc H. (2014a): Future of the Prophetic: Ancient Israel's Wisdom Re-presented. Minneapolis.
Ellis, Marc H. (2014b): Jüdische Befreiungstheologie, Interview mit Klara Butting. In: Junge Kirche 75, Nr. 3: 49-52.
Engartner, Tim (2016): Staat im Ausverkauf. Privatisierung in Deutschland. Frankfurt a.M./New York.
Engels, Friedrich (1894/1968): Herrn Eugen Dühring's Umwälzung der Wissenschaft (Anti-Dühring), in: MEW 20. Berlin.
Esack, Farid u.a. (2001): Progressive Islam: A view from October,

2001 (ihsan-net.blogspot.de/2004/12/progressive-islam-view-from-october.html?showComment=1102556700000).
Fauth, Dieter (1995): Verfassungs- und Rechtsvorstellungen im Bauernkrieg 1524/25. In: Zeitschrift der Savigny-Stiftung für Rechtsgeschichte CXII. Kan. Abt.: 225-248.
Fay, Margaret A. (1986): Der Einfluß von Adam Smith auf Karl Marx' Theorie der Entfremdung. Eine Rekonstruktion der Ökonomisch-philosophischen Manuskripte aus dem Jahr 1844. Frankfurt a.M./New York.
Felber, Christian (2012): Retten wir den Euro! Wien.
Fink, Ilsegret/Hildebrandt, Cornelia (Hrsg.) (2010): Kämpfe für eine solidarische Welt. Theologie der Befreiung und demokratischer Sozialismus im Gespräch. Berlin.
Fisahn, Andreas (2016): Die Saat des Kadmos. Staat, Demokratie und Kapitalismus. Münster.
Fleischmann, Christoph (2010): Gewinn in alle Ewigkeit. Kapitalismus als Religion. Zürich.
Fleischmann, Christoph (2016): Die Gier, das Geld und das Heil. In: Publik-Forum Nr. 20: 26-30.
Franziskus, Papst (2013): Apostolisches Schreiben Evangelii Gaudium, »Die Freude des Evangeliums« (w2.vatican.va/content/dam/francesco/pdf/apost_exhortations/documents/papa-francesco_esortazione-ap_20131124_evangelii-gaudium_ge.pdf)
Franziskus, Papst (2015): Ansprache beim Welttreffen der Volksbewegungen in Santa Cruz de la Sierra (Bolivien) am 9.7.2015 (w2.vatican.va/content/francesco/de/speeches/2015/july/documents/papa-francesco_20150709_bolivia-movimenti-popolari.pdf)
Geitzhaus, Philip (2016): Von Franziskus zu Marx (www.euangel.de/ausgabe-3-2016/globale-herausforderungen/von-franziskus-zu-marx/).
Gorringe, Timothy (2015): Reform and Revolution: From Lollards to Diggers. In: Duchrow/Hoffmann: 155-177.
Graeber, David (2012): Schulden: Die ersten 5000 Jahre. Stuttgart.
Gramsci, Antonio (1994): Gefängnishefte. Band 6, Heft 11, § 12. Hamburg.
Hamm, Berndt (2007): Den Himmel kaufen. Heilskommerzielle Perspektiven des 14.-16. Jahrhunderts. In: Welker, Michael (Hrsg.): Gott und Geld. Neukirchen-Vluyn.
Hegel, Georg Wilhelm Friedrich (1979): Das älteste Systemprogramm des deutschen Idealismus. In: Werke. Band 1. Frankfurt a.M.: 234-237.
Helfrich, Silke/Heinrich-Böll-Stiftung (2009): Wem gehört die Welt?

Zur Wiederentdeckung der Gemeingüter. München.
Hengsbach, Friedhelm (2014): Teilen, nicht töten. Frankfurt a.M.
Hever, Shir (2014): Die politische Ökonomie der israelischen Besatzung. Unterdrückung über die Ausbeutung hinaus. Köln.
Hinkelammert, Franz (1985): Die ideologischen Waffen des Todes. Zur Metaphysik des Kapitalismus. Fribourg.
Hinkelammert, Franz (2007): Das Subjekt und das Gesetz. Die Wiederkehr des verdrängten Subjekts. Münster.
Hinkelammert, Franz (2011): Der Fluch, der auf dem Gesetz lastet. Paulus von Tarsus und das kritische Denken. Luzern.
Hinkelammert, Franz (2015): Der Thermidor des Christentums. In: Duchrow/Jochum-Bortfeld: 177.
Hinkelammert, Franz/Mora Jiménez, Henry (2005): Hacia una economía para la vida. San José.
Jaspers, Karl (1955): Vom Ursprung und Ziel der Geschichte. Frankfurt a.M. (1949).
Kahl, Brigitte (2017): Juden, Muslime und Palästinenser: Ein Disput zwischen Martin Luther und Paulus über die Rechtfertigung der Anderen«. In: Duchrow/Ulrich (Hrsg.) (2017).
Kairos Dokument (1985): The South Africa Kairos Document 1985. Challenge to the church. A Theological Comment on the Political Crisis in South Africa (oikoumene.net/fix/file/dokumente/The%20South%20Africa%20Kairos%20Document%201985.pdf; deutsche Übersetzung: Ein theologischer Kommentar zur politischen Krise in Südafrika. Eine Herausforderung an die Kirchen. www.thebe.ch/rundbrief/documents/Kairos-Dokument_1985.pdf).
Kairos Europa (Hrsg.) (2005): Kirchen im ökumenischen Prozess für gerechte Globalisierung – Von Winnipeg 2003 über Accra 2004 nach Porto Alegre 2006. Heidelberg.
Kairos Europa (Hrsg.) (2013): Von den Rändern her in Richtung globale Transformation! »Pilgerweg der Gerechtigkeit und des Friedens« – Hoffnung auf einen neuen kirchlichen Aufbruch für das Leben? Heidelberg.
Kampmann, Jürgen/Otte, Hans (Hrsg.) (2017): Angewandtes Luthertum? Die Zwei-Reiche-Lehre als theologische Konstruktion in politischen Kontexten des 20. Jahrhunderts. Gütersloh.
Kaufmann, Thomas (2016): Erlöste und Verdammte. Eine Geschichte der Reformation. München.
Kippenberg, Hans G. (1977): Die Typik antiker Entwicklung. In: Ders. (Hrsg.), Seminar: Die Entstehung der antiken Klassengesellschaft. Frankfurt a.M.: 9-61

Le Goff, Jacques (1988): Wucherzins und Höllenqualen. Ökonomie und Religion im Mittelalter. Stuttgart.
Le Goff, Jacques (1993): Kaufleute und Bankiers im Mittelalter. Frankfurt a.M./New York.
Luther, Martin (1883-2009): D. Martin Luthers Werke. Weimarer Ausgabe, zitiert als WA.
LWB (Lutherischer Weltbund) (2003): Botschaft der Zehnten Vollversammlung, Winnipeg (Kanada), 21.-31.7.2003 (www.lwf-assembly2003.org/lwb-vollversammlung/htdocs/PDFs/LWF_Assembly_Message-DE.pdf).
Mollat, Michel (1984): Die Armen im Mittelalter. München.
Monz, Heinz (1995): Gerechtigkeit bei Karl Marx und in der Hebräischen Bibel. Übereinstimmung, Fortführung und zeitgenössische Identifikation. Baden-Baden.
Müller, Rudolf Wolfgang (1981): Geld und Geist. Zur Entstehung von Identitätsbewußtsein und Rationalität seit der Antike. Frankfurt a.M./New York (1977), 2. Aufl.
Müntzer, Thomas (1524): »Außlegung des andern vnterschyds Danielis deß propheten gepredigt auffm schlos zu Alstet vor den tetigen thewren Herzcogen vnd Vorstehern zu Sachssen durch Thoma Müntzer diener des wordt gottes«, Alstedt.
Ogger, Günter (1983): Kauf dir einen Kaiser. Die Geschichte der Fugger. München.
ÖRK (Ökumenischer Rat der Kirchen) (1975): Bericht aus Nairobi 1975. Offizieller Bericht der Fünften Vollversammlung. Frankfurt a.M.
ÖRK (Ökumenischer Rat der Kirchen) (1983): Bericht aus Vancouver 1983. Offizieller Bericht der Sechsten Vollversammlung. Frankfurt a.M.
ÖRK (Ökumenischer Rat der Kirchen) (2006): Alternative Globalisierung im Dienst von Menschen und Erde – AGAPE. Ein Aufruf zur Liebe und zum Handeln (www.oikoumene.org/de/resources/documents/assembly/2006-porto-alegre/3-preparatory-and-background-documents/alternative-globa lization-addressing-people-and-earth-agape?set_language=de)
ÖRK (Ökumenischer Rat der Kirchen) (2012a): Gemeinsam für das Leben: Mission und Evangelisation in sich wandelnden Kontexten (www.oikoumene.org/de/resources/documents/commissions/mission-and-evangelism/together-towards-life-mission-and-evangelism-in-changing-landscapes).
ÖRK (Ökumenischer Rat der Kirchen) (2012b): Ökonomie des Lebens, Gerechtigkeit und Frieden für alle: ein Aufruf zum Handeln

(www.oikoumene.org/de/resources/documents/programmes/public-witness-addressing-power-affirming-peace/poverty-wealth-and-ecology/agape-call-for-action-2012/economy-of-life-justice-and-peace-for-all).
Pieris, Aloysius (2009): A Liberation Christology of Religious Pluralism (www.nhanduti.com/Mangostao.English%20texts/Aloy.Eng.pdf).
Prien, Hans-Jürgen (2012): Luthers Wirtschaftsethik. Neuendettelsau (1998), 2. Aufl.
Puntasen, Apichai (2008): Buddhist Economics: Evolution, Theories and Its Application to Various Economic Subjects. Chulalongkorn University: Center for Buddhist Studies.
Rehmann, Jan (2010): Ist linke Religionskritik veraltet? Thesen zum Dialog zwischen Marxismus und Christentum, in: Fink/Hildebrandt (Hrsg.): 5-13
Rieger, Jörg (2009): No Rising Tide: Theology, Economics, and the Future. Minneapolis.
RWB (Reformierter Weltbund) (2004): Die Erklärung von Accra. Bekenntnis des Glaubens im Angesicht von wirtschaftlicher Ungerechtigkeit und ökologischer Zerstörung. Beschluss der 24. Generalversammlung des Reformierten Weltbundes in Ghana vom 30.7.-13.8.2004 (www.reformiert-info.de/124-0-56-3.html).
Schäfer, Heinrich Wilhelm (2015): Identität als Netzwerk. Habitus, Sozialstruktur und religiöse Mobilisierung. Wiesbaden (www.bookmetrix.com/detail/book/f12a8333-34cf-49bc-956f-71e365a89487#downloads).
Scharffenorth, Gerta (1982): Die Bergpredigt in Luthers Beiträgen zur Wirtschaftsethik, in: Dies.: Den Glauben ins Leben ziehen. Studien zu Luthers Theologie. München.
Scharffenorth, Gerta (2013): Den Glauben ins Leben ziehen. Studien zu Luthers Theologie. Mit einem Geleitwort von Wolfgang Huber. Münster, 2. Aufl.
Scheidler, Fabian (2015): Das Ende der Megamaschine. Geschichte einer scheiternden Zivilisation. Wien.
Schilling, Heinz (2012): Martin Luther. Rebell in einer Zeit des Umbruchs. München.
Seaford, Richard (2004): Money and the Early Greek Mind. Homer, Philosophy, Tragedy. Cambridge.
Segbers, Franz (1999): Die Hausordnung der Tora. Biblische Impulse für eine theologische Wirtschaftsethik. Luzern.
Segbers, Franz (2001): Marx im Lehrhaus des Moses, in: Eigenmann, Urs/Noti, Odilo/Spengler, Simon/Walpen, Bernhard (Hrsg.),

»Suchet zuerst das Reich Gottes und seine Gerechtigkeit« – Kuno Füssel zu Ehren. Luzern: 95-107.
Segbers, Franz/Wiesgickl, Simon (Hrsg.) (2015): »Diese Wirtschaft tötet« (Papst Franziskus) – Kirchen gemeinsam gegen den Kapitalismus. Eine Veröffentlichung der Rosa-Luxemburg-Stiftung. Für Ulrich Duchrow. Hamburg.
Steckner, Anne (o.J.): Antonio Gramscis Auseinandersetzung mit Religion im Spannungsfeld zwischen Unterwerfung und Widerständigkeit (www.grundrisse.net/grundrisse44/Antonio_Gramsci_Religion.htm, aufgerufen 10.3.2017).
Tsompanidis, Stylianos (1999): Orthodoxie und Ökumene – Gemeinsam auf dem Weg zu Gerechtigkeit, Frieden und Bewahrung der Schöpfung. Münster.
Veerkamp, Ton (1993): Autonomie und Egalität. Ökonomie, Politik und Ideologie in der Schrift. Berlin.
Veerkamp, Ton (2005): Der Gott der Liberalen. Eine Kritik des Liberalismus. Hamburg.
Veerkamp, Ton (2012): Die Welt anders. Politische Geschichte der Großen Erzählung. Hamburg.
Weber, Max (1972): Die protestantische Ethik und der Geist des Kapitalismus, in: Max Weber, Gesammelte Aufsätze zur Religionssoziologie Bd. I., Tübingen (1904/05), 6. Aufl.: 17-206.
WGRK (Weltgemeinschaft reformierter Kirchen) (2012): Die São Paulo-Erklärung. Umwandlung des internationalen Finanzsystems zu einer Wirtschaft im Dienst des Lebens (www.wcrc.ch/wp-content/uploads/2015/06/SaoPauloDeclaration-German.pdf).
Wink, Walter (2002): The Human Being: Jesus and the Enigma of the Son of the Man. Minneapolis.
Winkelmann, Bernd (2016): Die Wirtschaft zur Vernunft bringen. Sozialethische Grundlagen einer postkapitalistischen Ökonomie. Marburg.